Fabienne Sauve

Orthographe

6e

11/12 ans

HATIER

CHOUETTE ENTRAÎNEMENT

Principe de maquette : Frédéric Jély
Mise en page : Syntexte / Nadine Aymard
Édition : Juliette Einhorn
Illustration : François San Millan

 ISBN 978-2-218-92471-2

Sommaire

Orthographe d'usage

Formation du pluriel et accords

Conjugaison et accord des verbes

Homophones grammaticaux

Chouette mode d'emploi

Bonjour,

Tu viens d'acquérir ce cahier de la collection Chouette entraînement et tu voudrais savoir ce qu'il contient et comment l'utiliser au mieux.

Se repérer dans le cahier

■ Cet ouvrage est composé :

– d'un **cahier principal**, qui contient 27 unités de révision ;

– d'un **cahier central de corrigés**, sur fond gris. Celui-ci comprend les corrigés détaillés des exercices des 27 unités de révision ; note que chaque corrigé est accompagné d'un commentaire pour t'aider à mieux comprendre les exercices.

■ Pour **choisir un thème de révision**, tu peux bien sûr utiliser le sommaire (p. 3), qui t'indique toutes les difficultés d'orthographe traitées ; tu peux aussi faire une recherche plus précise grâce à l'index des notions grammaticales (p. 62).

Se repérer dans une unité

■ Voici l'unité type correspondant à un thème de révision. Elle comprend :

– sur la page de gauche, une courte **leçon** sur une difficulté d'orthographe, suivie d'une série d'**exercices d'application** ;

– sur la page de droite, une **dictée** dans laquelle on retrouve la difficulté de la leçon, et des **questions d'observation** portant sur la dictée.

■ Pour **réussir la dictée**, pense à lire le texte une première fois avant de répondre aux questions puis une seconde fois en soulignant ce qui reste difficile pour toi.

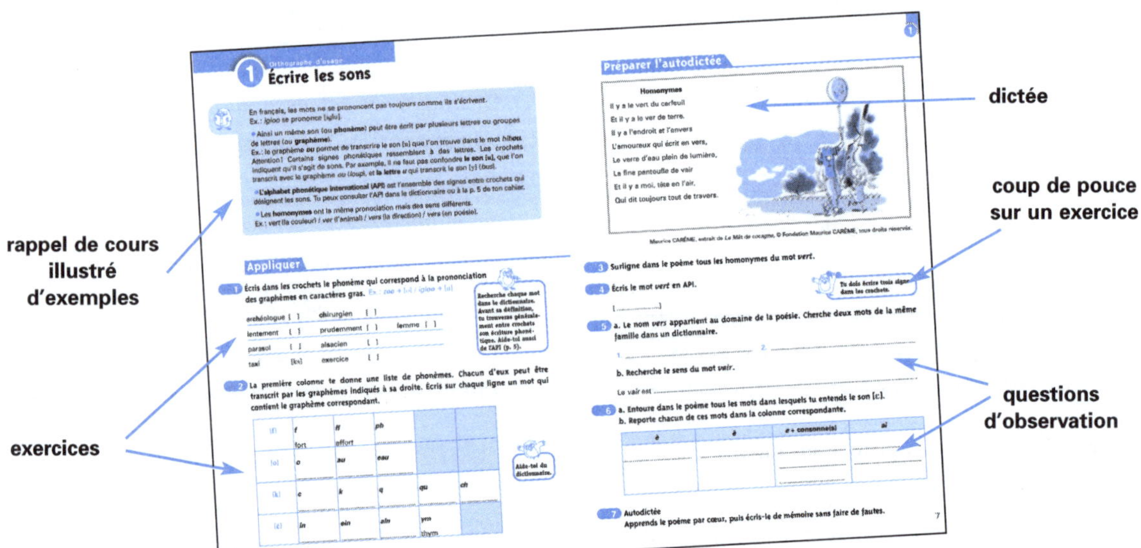

Il me reste à te souhaiter un bon travail !

Alphabet phonétique (API)

Il s'agit de la notation adoptée par l'Association phonétique internationale pour désigner les sons. Les signes de l'alphabet phonétique se placent entre crochets.

VOYELLES	SEMI-VOYELLES	CONSONNES
[a] ciném**a**	[j] l**i**eu	[b] **b**aba
[ɑ] ch**â**teau	[w] **ou**i	[d] **d**éjeuner
[e] d**é**		[f] **f**aim
[ɛ] m**e**ts		[g] **g**âteau
[ə] p**e**tit		[k] **c**adeau
[i] sour**i**s		[l] **l**ait
[o] r**o**se		[m] **m**iel
[ɔ] b**o**sse		[n] **n**appe
[ø] j**eu**di		[p] **p**ain
[œ] fl**eu**r		[ʀ] **r**oi
[u] ch**ou**		[s] **s**el
[y] ill**u**sion		[t] **t**able
[ɑ̃] ch**an**ter		[v] **v**alise
[ɛ̃] jard**in**		[z] mai**s**on
[ɔ̃] r**on**fler		[ʃ] **ch**ocolat
[œ̃] br**un**		[ʒ] an**g**e
		[ɲ] i**gn**orer
		[ŋ] park**ing**

Écrire les sons

En français, les mots ne se prononcent pas toujours comme ils s'écrivent.
Ex. : *igloo* se prononce [iglu].

- Ainsi un même son (ou **phonème**) peut être écrit par plusieurs lettres ou groupes de lettres (ou **graphie**).
Ex. : la graphie ***ou*** permet de transcrire le son [u] que l'on trouve dans le mot *hib**ou***.
Attention ! Certains signes phonétiques ressemblent à des lettres. Les crochets indiquent qu'il s'agit de sons. Par exemple, il ne faut pas confondre **le son** [u], que l'on transcrit avec la graphie *ou* (*loup*), et **la lettre *u*** qui transcrit le son [y] (*bus*).

- **L'alphabet phonétique international (API)** est l'ensemble des signes qui désignent les sons. Tu peux consulter l'API dans le dictionnaire ou à la p. 5 de ton cahier.

- Les **homonymes** ont la même pronociation mais des sens différents.
Ex. : *vert* (la couleur) / *ver* (l'animal) / *vers* (la direction) / *vers* (en poésie).

Appliquer

1 **Écris dans les crochets le phonème qui correspond à la prononciation des graphies en caractères gras.** Ex. : *zoo* → [o] / *igloo* → [u]

ar**ch**éologue	[ ]	**ch**irurgien	[ ]		
lent**e**ment	[ ]	prud**e**mment	[ ]	f**e**mme	[ ]
para**s**ol	[ ]	al**s**acien	[ ]		
ta**x**i	[ks]	e**x**ercice	[ ]		

Recherche chaque mot dans le dictionnaire. Avant sa définition, tu trouveras généralement entre crochets son écriture phonétique. Aide-toi aussi de l'API (p. 5).

2 **La première colonne te donne une liste de phonèmes. Chacun d'eux peut être transcrit par les graphies indiquées à sa droite. Écris sur chaque ligne un mot qui contient la graphie correspondante.**

[f]	***f*** fort	***ff*** effort	***ph***		
[o]	***o***	***au***	***eau***		
[k]	***c***	***k***	***q***	***qu***	***ch*** ....
[ɛ̃]	***in***	***ein***	***ain***	***ym*** thym	

Aide-toi du dictionnaire.

Préparer l'autodictée

Homonymes

Il y a le vert du cerfeuil
Et il y a le ver de terre.
Il y a l'endroit et l'envers
L'amoureux qui écrit en vers,
Le verre d'eau plein de lumière,
La fine pantoufle de vair
Et il y a moi, tête en l'air,
Qui dit toujours tout de travers.

Maurice CARÊME, extrait de *Le Mât de cocagne*,

3 **Surligne dans le poème tous les homonymes du mot *vert*.**

4 **Écris le mot *vert* en API.**

[..............................]

5 **a. Le nom *vers* appartient au domaine de la poésie. Cherche deux mots de la même famille dans un dictionnaire.**

1. .... 2. ....

b. Recherche le sens du mot *vair*.

Le *vair* est ....

6 **a. Entoure dans le poème tous les mots dans lesquels tu entends le son [ɛ].**
b. Reporte chacun de ces mots dans la colonne correspondante.

è	ê	*e* + consonne(s)	*ai*
....	....	....	....
		....	....
		....	

7 **Autodictée**
Apprends le poème par cœur, puis écris-le de mémoire sans faire de fautes.

Orthographe d'usage

2 Utiliser les accents

- En français, il existe **trois accents : aigu**, **grave** et **circonflexe**.

Les accents modifient souvent la prononciation de la voyelle sur laquelle ils sont placés. Ils servent notamment à distinguer le son [ɛ] du son [e].

Tableau des graphies avec accent des sons [e] et [ɛ]

[e]	[ɛ]	
accent aigu (*é*)	accent grave (*è*)	accent circonflexe (*ê*)
écrire	*lumière*	*tête*

Attention ! Quand *e* est suivi d'une double consonne, de deux consonnes différentes ou d'un *x*, il ne prend pas d'accent : *le lierre, une descente, une* ***e****xpérience.*

- **L'accent circonflexe**

– On peut rencontrer l'accent circonflexe au-dessus de toutes les voyelles sauf le *y* : *pâte, hôte, goût, île.*

– Dans beaucoup de mots, il remplace une lettre *s* qui a disparu et qui est restée dans des mots de la même famille (*hôpital* → *hospitalier*). Il sert aussi à distinguer les homonymes : *sûr / sur.*

- **Le tréma**

Pour indiquer que deux voyelles qui se succèdent se prononcent séparément, on place un tréma au-dessus de la seconde voyelle : *maïs, coïncidence, aiguë.*

Attention ! Dans certains mots, la séparation entre les deux syllabes est transcrite par un *h* : *trahir.*

Appliquer

1 a. Dans les noms suivants, écris les sons [ɛ] ou [e] comme il convient.

une .....p.....e	la cr.....me	une m.....nag.....re	une .....xp.....rience	la for.....t	la p.....ne
un r.....veil	une r.....ne	un h.....misph.....re	une mani.....re	la l.....ne	le mi.....l

b. Dans les verbes suivants, écris les sons [ɛ] ou [e] comme il convient.

d.....marrer	d.....scendre	ils vi.....nnent	r.....gner	il acqui.....rt	r.....ver
ils r.....gnent	tu j.....ttes	j'app.....lle	pi.....tiner	il p.....le	il ach.....te

Pour les verbes, aide-toi des unités 11 et 12, p. 26 et 28.

2 Dans chaque case, écris un mot de la même famille qui justifie la présence de l'accent circonflexe sur la lettre écrite en bleu.

forêt	forestier	ancêtre	ancest................
bête	....	bâton	....
vêtement	....	goût	gust ....

Libre, libérer, liberté **sont des mots de la même famille : ils ont le même radical.**

Préparer la dictée

Circé donne des conseils à Ulysse pour éviter les Sirènes.

« Écoute maintenant ce que je vais te dire. Il vous faudra passer près des Sirènes. Elles charment tous les mortels qui les approchent. Mais bien fou qui relâche pour entendre leur voix aiguë ! Jamais en son logis, sa femme et ses enfants ne fêtent son retour : car, de leurs fraîches voix, les Sirènes le charment. Passe sans t'arrêter. Nous passons. L'île disparaît. […] »

D'après HOMÈRE, L'*Odyssée*, VIIIe siècle av. J.-C., chant XII, trad. V. Bérard, © Armand Colin, 1931.

3 **a. Dans la dictée, souligne tous les mots dans lesquels tu entends le son [ɛ].**

b. Classe ces mots dans le tableau suivant.

e	*è*	*ê*	*ai*	*aî*
....	....	....	....	....
	....	....	....	....
			....	
			....	

4 **a. Surligne les mots du texte qui s'écrivent avec un accent circonflexe.**

b. Complète les phrases suivantes avec des mots de la même famille que *arrêter* et *fêter*.

1. Après son ...., le bandit a été mis en prison.
2. Mes parents viennent de partir au .... d'Avignon.

5 **« Il vous faudra passer <u>près</u> des Sirènes. » : complète la phrase suivante avec un homonyme du mot *près*.**

Maxime a fermé sa valise ; il est .... à partir en vacances.

6 **a. Dans le groupe nominal *leur voix aiguë*, remplace le nom *voix* par le nom *cri* et écris l'adjectif comme il convient.**

....

b. À l'aide de la leçon page 8, explique à quoi sert le tréma sur le *e* d'*aiguë*.

Le tréma indique que les lettres .... et .... se prononcent ....

Connaître les graphies correspondant aux sons [s] et [ʒ]

- **La lettre *s*** se prononce [s], **sauf entre deux voyelles** où elle se prononce [z].
Entre deux voyelles, c'est la graphie (l'orthographe) -*ss*- qui transcrit le son [s].
Ex. : *poison* → [z] / *poisson* → [s]

Tableau des graphies du son [s]

s	***ss***	***c***	***ç***	***sc***	***t***
dans tous les cas, sauf entre deux voyelles	entre deux voyelles	devant *e, i* et *y*	devant *a, o* et *u*	devant *e* et *i*	devant *i*
aspirateur	*poisson*	*glace* *cygne*	*glaçon* *il lançait*	*descente* *science*	*péripétie* *description*

- La **lettre *g*** se prononce [g] devant *a, o* et *u* (*gâteau*).
Devant *e, i* et *y* elle se prononce [ʒ].

Tableau des graphies du son [ʒ]

j	***g***	***ge***
devant toutes les voyelles	devant *e, i* et *y*	devant *a, o* et *u*
jeune, joyeux	*girafe, géant, gymnastique*	*cageot, il mangeait*

Appliquer

1 **Relie le mot de la colonne de gauche à la graphie qui lui convient.**

- balan........er •
- boi........on •
- gar........on •
- por........ion •
- pa........ion •
- balan........oire •
- empla........ement •
- e........pérer •

- • s
- • ss
- • c
- • ç
- • t

2 **Écris correctement les sons [ʒ] ou [s] dans les verbes suivants.**

1. **manger :** je man..........e, nous man..........ons, je man..........ais,
nous man..........ions, il man..........a, en man..........ant.

2. **lancer :** je lan..........e, nous lan..........ons, je lan..........ais,
nous lan..........ions, il lan..........a, en lan..........ant.

Pour répondre, tu peux t'aider de la leçon de l'unité 11, p. 26.

Préparer la dictée

Ali Baba était, un jour, dans la forêt, et il attendait d'avoir coupé à peu près assez de bois pour faire la charge de ses ânes, lorsqu'il aperçut une grosse poussière qui s'élevait en l'air et qui avançait droit du côté où il était. Il regarde attentivement et il distingue une troupe nombreuse de gens à cheval qui venaient d'un bon train.

Quoiqu'on ne parlât pas de voleurs dans le pays, Ali Baba néanmoins eut la pensée que ces cavaliers pouvaient en être. Sans considérer ce que deviendraient ses ânes, il songea à sauver sa personne.

Les Mille et Une Nuits. Contes arabes, « Histoire d'Ali Baba et les quarante voleurs », trad. d'Antoine GALLAND.

3 **a. Souligne tous les mots dans lesquels tu entends le son [s].**

b. Surligne tous les mots dans lesquels tu entends le son [ʒ].

c. Illustre chacune des graphies du tableau ci-dessous par un exemple de la dictée.

son [s]				son [ʒ]		
s	*ss*	*c*	*ç*	*j*	*g*	*ge*
....	....	....	....	....	....	....

4 **Explique pourquoi le son [s] s'écrit *ss* dans les mots *poussière* et *assez*.**

Entre deux ...., c'est la graphie .... qui traduit le son [s].

Sinon, c'est la graphie ....

5 **Complète la grille de mots croisés avec des mots que tu trouveras dans la dictée.**

Pour les conjugaisons du présent et du passé simple, reporte-toi aux unités 11 et 21, p. 26 et 46.

HORIZONTALEMENT

Verbe *regarder* à la 3e personne du singulier du présent.

VERTICALEMENT

a. Verbe *songer* à la 3e personne du singulier du passé simple.

b. Ensemble d'arbres, synonyme de *bois*.

c. Elle se dépose sur les meubles quand on ne fait pas le ménage.

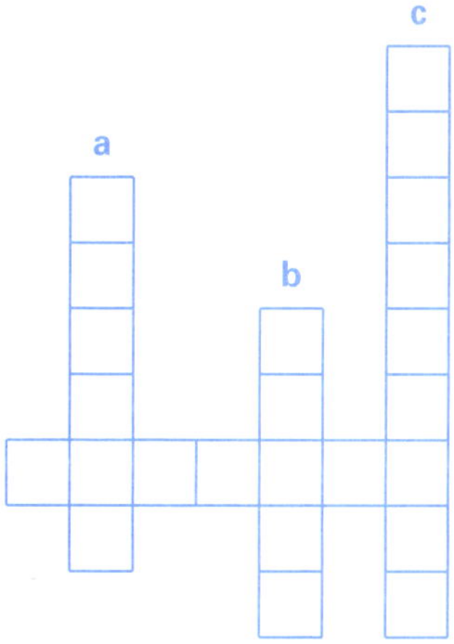

Connaître les graphies correspondant au son [j]

Le son [j] peut s'écrire de quatre façons différentes : ***i, il, ill* et *y*.**

- Quand la lettre *i* est suivie d'une voyelle, elle se prononce généralement [j] : *crier*.
- Le son [j] peut aussi s'écrire *y*. Dans ce cas, la voyelle qui précède se prononce comme si elle était suivie d'un *i*.
Ex. : On prononce [ɛje] dans ***essayer*** et [aje] dans ***bâiller***.
- **Tableau des graphies du son [j]**

i	***il***	***ill***	***y***	***ï***
un panier *crier* *le miel*	*un éventail* *un réveil* *un fauteuil* *l'ail*	*une maille* *une abeille* *le feuillage* *je bâille*	*essayer* *essuyer* *nettoyer* *le rayon*	*un aïeul* *un païen*

Appliquer

1 Relie les mots de la colonne de gauche à la graphie qui convient.

- un trava..........
- je trava..........
- un réve..........
- je réve..........
- la rou..........
- un conse..........
- je te conse..........

- il
- ille

Tu remarqueras que les noms féminins et les verbes conjugués ont la même terminaison en *-ille*.

2 Complète les mots suivants avec la lettre *i* ou la lettre *y*. Pour t'aider, certaines formes conjuguées figurent déjà dans le tableau.

Infinitif	Indicatif présent		Indicatif futur
	1re pers. sing.	1re pers. plur.	3e pers. sing.
essa.....er	j'essaie	nous essayons	il essaiera
essu.....er	j'essu.....e	nous essu.....ons	il essu.....era
envo.....er	j'envo.....e	nous envo.....ons	il enverra
pa.....er	je pa.....e	nous pa.....ons	il pa.....eront

Transforme le *y* en *i* quand tu n'entends pas le son [j].

Préparer la dictée

Une autobiographie, c'est un livre qu'on écrit pour essayer de raconter sa propre vie et qui déborde, en général, de toutes sortes de détails fastidieux.
Ce livre n'est pas une autobiographie. L'idée ne me viendrait pas d'écrire pareil ouvrage. Par ailleurs, durant toutes mes jeunes années à l'école et juste après, ma vie a été émaillée d'incidents que je n'ai jamais oubliés. Aucun n'est très important, mais chacun d'entre eux m'a laissé une si forte impression que je n'ai jamais réussi à le chasser de mon esprit.

3 **a. Surligne tous les mots dans lesquels tu entends le son [j].**

N'oublie pas qu'avant une voyelle, le *i* se prononce [j].

b. Classe-les ensuite dans le tableau suivant.

i	*il*	*ill*	*y*
....	....	....	....
....	....	....	
....			
....			

4 **a. Recherche la définition du mot *autobiographie*.**

Une autobiographie est ....

b. Complète les phrases suivantes avec des mots dans lesquels le son [f] s'écrit *ph*.

1. Je viens d'encadrer une très belle .... de Bretagne.
2. Mes matières préférées sont l'histoire et la ....

c. Trouve d'autres mots dans lesquels le son [f] s'écrit *ph*.

....

5 **a. Relève dans la dictée un nom qui se termine par le son [sjɔ̃].**

....

b. Trouve une graphie (orthographe) plus courante de ce son et illustre-la par un exemple.

....

Orthographe d'usage

5 Écrire les noms et adjectifs qui se terminent en [e]

- Les **noms féminins qui se terminent par le son** [e] s'écrivent ***-ée* en finale**: *une fée*. Attention ! Le mot *clé* ne se termine pas par un *-e*. Il peut aussi s'écrire *clef*.
- Cependant, les noms féminins qui se terminent **en *-té* ou en *-tié*** s'écrivent **sans *-e* final**. Ce sont des noms abstraits qui expriment une qualité ou un état: *l'amitié, la moitié*.
Attention aux exceptions :
– *la dictée, la jetée, la montée, la pâtée* et *la portée* ;
– les noms qui expriment un contenu se terminent en *-tée* : *la pelletée* (le contenu d'une pelle), *l'assiettée* (le contenu d'une assiette).
- Les **noms masculins qui se terminent par le son** [e] s'écrivent généralement *-é* ou *-er* en finale: *le café, un herbier*. Ainsi, les noms de métiers et d'arbres fruitiers se terminent par ***-er***: *un charcutier, un pommier*. Cependant, les noms masculins suivants, qui viennent du grec, se terminent en ***-ée***: *un athée, un camée, un lycée, un mausolée, un musée, un pygmée, un scarabée, un trophée*.
- Pour connaître la terminaison des **adjectifs en** [e], on peut les mettre au féminin: *léger → légère ; secret → secrète*.

Appliquer

1 **Écris le nom masculin ou féminin qui convient sous chacun des dessins ci-dessous.**

....

....

....

....

....

2 **Sur chaque ligne, écris le nom masculin du verbe du 1er groupe correspondant.**

1. déjeuner → un ....
2. goûter → un ....
3. exposer → un ....
4. déléguer → un ....

Ces noms masculins se terminent en *-é* ou en *-er*. Aide-toi du dictionnaire.

3 **Complète les terminaisons des mots suivants.**

1. Une odyss..... est un long et périlleux voyage. – 2. Le cam...... est une pierre précieuse qui orne les bijoux qu'on trouve dans les mus.....s. – 3. Vénus est la déesse de la beaut...... – 4. Un mausol..... est un tombeau. – 5. Un déjeun..... lég..... est préférable si l'on doit travaill...... – 6. La gaiet..... est une grande qualit..... – 7. Un ath..... ne croit pas en Dieu.

Préparer la dictée

La pluie était tombée tout le jour, pour ne cesser qu'au soir. La journée avait été mortellement ennuyeuse. Après la dernière récréation, M. Seurel s'arrêta et demanda : « Qui est-ce qui ira demain en voiture à la Gare pour chercher M. et Mme Charpentier ? »
C'étaient mes grands-parents : grand-père Charpentier était un vieux garde forestier à la retraite. Il portait un bonnet de poil de lapin qu'il appelait son képi. Les écoliers le connaissaient bien. Le matin, pour se débarbouiller, il tirait un seau d'eau, dans lequel il barbotait. Un cercle d'enfants, les mains derrière le dos, l'observaient avec une curiosité respectueuse...

Avant de faire la dictée, revois la leçon de l'unité 16, p. 36.

D'après ALAIN-FOURNIER, *Le Grand Meaulnes*, © Librairie Arthème Fayard, 1986.

4 **a. Surligne un nom commun masculin et un nom propre qui se terminent par le son [e].**

b. Souligne tous les noms communs féminins qui se terminent par le son [e].

5 **a. Relève dans la dictée un nom masculin qui se termine par *-et*.**

....

b. Complète les phrases suivantes avec d'autres noms masculins qui se terminent par *-et*.

1. Je préfère les plages de sable aux plages de ....
2. Pour Noël, on offre des .... aux enfants.
3. J'ai confié un .... à ma meilleure amie : elle ne doit pas le répéter.
4. Autrefois, on fermait les lettres avec un .... de cire.

6 **a. Relève un adjectif qui se termine par le son [e].** ....

b. Écris-le au féminin. ....

7 **Le mot *seau* a plusieurs homonymes. Complète les phrases suivantes avec l'homonyme qui convient : *saut*, *sceau*, *sot*.**

1. Léo a fait un .... dans la piscine.
2. Sacha n'est pas aussi .... qu'il en a l'air.
3. Un .... est un grand cachet utilisé pour rendre un acte officiel authentique.

Trouver la consonne finale d'un nom ou d'un adjectif

- Pour trouver la consonne finale d'un nom, d'un adjectif ou d'un participe passé, on peut :
  - le mettre au **féminin** : *boulanger* → *boulang**ère***; *grand* → *gran**de***; *ouvert* → *ouver**te***;
  - chercher **un mot de la même famille** : *rang*, *rangée*, *ranger*, *déranger*, *arranger*, *rangement*.
- Attention aux exceptions !
  - Dans certains cas, la consonne finale du mot ne se retrouve pas dans les mots de la même famille : *estoma**c**, estoma**qu**er* ; *curieu**x**, curieuse, curiosité.*
  - Certains noms s'écrivent sans consonne finale, malgré la consonne qui apparaît dans les mots de la même famille : *abri, abri**t**er*; *favori, favori**s**er*; *cauchemar, cauchemar**d**esque*; *numéro, numéro**t**er.*

Appliquer

1 Écris le masculin des noms et adjectifs suivants.

1. vraie → ....
2. chatte → ....
3. épaisse → ....
4. postière → ....
5. verte → ....
6. grise → ....

2 Complète les mots par la consonne qui convient.

1. Isabelle a rencontré Bruno par hasar.........
2. Le chan........ du rossignol m'a réveillé.
3. Nous avons cueilli des mûres dans le cham........ du voisin.
4. Je n'ai pas le numér........ de téléphone de Sophie.
5. Le cheval est parti au galo.........
6. Pour échapper à la pluie, nous sommes restés quelques minutes sous un abri.........

Cherche des mots de la même famille. Méfie-toi des exceptions !

3 Complète le tableau en cherchant pour chaque mot un mot de la même famille qui justifie la consonne finale écrite en bleu.

blan**c**	blan**c**heur	cham**p**	....
tar**d**	....	chan**t**	....
accro**c**	....	fi**n**	....
galo**p**	....	fai**m**	....

Préparer la dictée

Le narrateur, Marcel, est un enfant d'une dizaine d'années. Il regarde son père et son oncle qui se préparent pour la chasse.

Mon père chargea son fusil. Mon frère Paul, à demi caché derrière le tronc du figuier, regardait d'un œil.

L'oncle se retira au trot, et dit :

– Allez-y !

Mon père visa et tira. Il ne parut ni ému ni surpris.

Le coup avait frappé au milieu de la porte, car les plombs entouraient le journal sur les quatre côtés.

Enfin mon oncle s'écria :

– On va tirer les chevrotines.

Ils tirèrent en même temps ; le fracas fut étourdissant. Ils s'avancèrent tous les deux, souriants et satisfaits.

Marcel PAGNOL, *La Gloire de mon père*, © éditions de Fallois, coll. « Fortunio », 1990. Site marcel-pagnol.com.

4 **Pour chaque mot proposé, trouve un mot de la même famille qui te permettra de justifier la consonne finale.**

fusil	....	plomb	....
tronc	....	temps	....
trot	....	fracas	....

5 **Écris le féminin des adjectifs et participes surlignés dans la dictée, de façon à justifier la consonne finale.**

1. surpris → ....
2. souriant → ....
3. satisfait → ....

6 **Le mot *coup* vient du latin *culpus*. C'est pourquoi il se termine par un *p*. Complète les phrases suivantes avec un des homonymes suivants : *coût*, *cou*, *coud*.**

1. Nathan est tombé de cheval sur le dos ; il s'est fait mal au ....
2. Il .... des rideaux.
3. Le .... de cet objet, indiqué sur l'étiquette, me semble trop élevé.

Orthographe d'usage

7 Redoubler une consonne au début d'un mot

● Une des particularités de l'orthographe française tient au redoublement de certaines consonnes en début de mot.

● On trouve notamment, en début de mot, les **graphies *app-*, *acc-*, *occ-*,** etc. Il faut toutefois se méfier des exceptions.

Graphie	Exemples	Exceptions
app-	*apprendre, apprivoiser, approche*	*apaiser, apercevoir, apeurer, apitoyer, aplanir, aplatir, apostropher, apaisement, aparté, apéritif, apesanteur*
acc-	*accent, accepter, accumuler*	*acacia, académie, acajou, acanthe, acariâtre, acompte, acoustique, âcre, acrobate*
occ-	*occasion, Occident, occuper*	les mots de la famille d'*octave (octobre, octosyllabe)* les mots de la famille d'*oculaire (oculiste)*
aff-	*affaire, affirmer, affronter*	*afghan, Afrique (africain), afin*
eff-	*effort, effacer, efficace*	
off-	*offrir, officiel, offrande*	

● Le **préfixe *in-*** exprime en général la négation. Devant les consonnes *l*, *m* et *r*, il subit l'attraction de la consonne qui suit et se transforme en *ill-*, *imm-*, et *irr-* : ***il**lisible* ; ***im**mobile* ; ***ir**régulier.*

Appliquer

1 Complète les pointillés par la consonne simple ou double qui convient.

1. e.....ectuer	o.....ensive	a.....in	a.....ection	e.....rayer	e.....ectivement	en e.....et
2. a.....latir	a.....araître	a.....aiser	a.....areil	a.....ercevoir		
3. a.....ueillir	o.....uliste	a.....robate	o.....lusion	a.....oustique	a.....ordéon	

2 Écris les antonymes (mots de sens contraire) des mots suivants en utilisant le préfixe *in-*.

1. mortel → ....
2. régulier → ....
3. limité → ....
4. respectueux → ....
5. responsable → ....
6. logique → ....

3 Vérifie que tu connais le sens des exceptions suivantes, en reliant chaque mot à sa définition.

apeuré •	• chercher à inspirer la pitié
apitoyer •	• craintif
apesanteur •	• vers de huit syllabes
acoustique •	• qui concerne les sons
octosyllabe •	• absence de pesanteur

Aide-toi du dictionnaire pour vérifier le sens des mots que tu ne connais pas.

Préparer la dictée

Mlle Legourdin considérait avec un mélange d'horreur et de fascination le triton qui se tortillait dans son verre. Matilda fut envahie d'une sensation tout à fait extraordinaire qui se localisait dans les yeux. Une sorte d'électricité semblait s'y accumuler. Une force irrésistible s'amassait au fond de ses orbites. Ses globes oculaires devenaient brûlants. Elle vit le verre vaciller légèrement, puis il commença à s'incliner, à pencher de plus en plus, jusqu'à ce qu'il s'immobilise en équilibre. Enfin, il bascula et s'abattit sur la table. Le triton se cramponnait désespérément au tissu de sa robe auquel s'accrochaient ses petites pattes griffues.

Roald DAHL, *Matilda*, trad. Henri ROBILLOT, © Éditions Gallimard, coll. « Folio Junior », *© Roald Dahl Nominee Ltd. 1988.*

4 Relève dans la dictée deux verbes commençant par *acc-*.

1. .... 2. ....

5 Les mots commençant par *occ-* prennent généralement deux *c*. Relève une exception dans la dictée.

....

6 a. Relève deux mots qui commencent par le préfixe négatif *in-*.

Le préfixe *in-* peut s'écrire *il-*, *im-* ou *ir-*.

1. ....

2. ....

b. Complète la règle du redoublement de consonne au début de ces mots.

Devant les consonnes ...., ... et ...., le préfixe *in-* subit l'attraction de la consonne qui suit et se transforme en ...., ... et ....

7 Complète le tableau à l'aide de mots de la dictée qui présentent un redoublement de consonne.

-rr-	*-mm-*	*-ll-*	*-tt-*	*-ff-*
horreur	....	....	....	....
....	....	....	....	
....				

8 Après la voyelle *o*, la consonne *n* est généralement doublée, comme dans *cramponner*. Complète la phrase suivante avec deux verbes en *-onner*.

Un chat .... alors qu'une personne de mauvaise humeur ....

8 Former le pluriel des noms et des adjectifs

- La plupart des noms et adjectifs se terminent par un ***s*** au pluriel. Certains se terminent par un ***x***.
- Voici quelques règles particulières à retenir.

Type	Règle	Exceptions
Noms et adjectifs en ***-eau*** et ***-au***	Pluriel en ***-eaux*** et ***-aux***: *le château → les châteaux* *le préau → les préaux*	Le nom *landau* forme son pluriel en ***-aus***.
Noms en ***-eu***	Pluriel en ***-eux***: *un jeu → des jeux*	Le nom *pneu* et l'adjectif *bleu* forment leur pluriel en ***-eus***.
Noms en ***-ou***	Pluriel en ***-ous***: *un fou → des fous*	Les noms *bijou, caillou, chou, genou, hibou, joujou* et *pou* forment leur pluriel en ***-oux***.
Noms et adjectifs en ***-al***	Pluriel en ***-aux***: *un cheval → des chevaux* *amical → amicaux*	Les noms *bal, cal, carnaval, chacal, festival, régal* et les adjectifs *bancal* et *banal* forment leur pluriel en ***-als***.
Noms en ***-ail***	Pluriel en ***-ails***: *un détail → des détails*	Les noms *bail, corail, émail, soupirail, travail, vantail* et *vitrail* forment leur pluriel en ***-aux***.

Appliquer

1 Écris les groupes nominaux suivants au pluriel.

un feu désastreux → des feux désastreux
une journée nationale → des journée nationa...
un journal régional → des journaux régionaux
un travail génial → des travaux géniau...
un cadeau original → des cadeaux originaux
un mal de tête → des maux de tête

2 Écris les groupes nominaux suivants au singulier.

des travaux oraux → un travail oral
des vœux affectueux → ~~un voeu~~ un voeu affectu...
des cheveux roux → un cheval roux
de nouveaux élèves → un nouvel élève
des tableaux muraux → un tableau mural
des châteaux régionaux → un château régi...

3 Mets au pluriel les mots entre parenthèses.

1. Les phares envoient des (*signal*) signaux lumineux.
2. Les femmes, accablées par la chaleur, agitent leurs (*éventail*) éventails
3. Les caves étaient éclairées par des (*soupirail*) soupirails
4. Il eut des propos (*banal*) banals mais (*amical*) ....

Préparer la dictée

Roald Dahl évoque ses grands-parents maternels, Bestepapa et Bestemama, chez qui il passe les vacances d'été, en Norvège.

> Bestepapa portait des bottines noires et fumait une pipe extraordinaire. Le fourneau était en écume de mer et le tuyau, flexible, mesurait environ quatre-vingt-dix centimètres, si bien qu'il reposait sur ses genoux.
>
> Tout le monde s'asseyait autour de la grande table ovale pour la grande célébration annuelle et le menu ne variait jamais. <u>Ces grands repas commençaient toujours par des carrelets grands comme un plateau à thé et épais comme le bras</u>. La peau au-dessus était presque noire et piquetée de taches. De gros morceaux de la chair blanche du poisson étaient servis sur des assiettes bleues.

D'après Roald DAHL, *Moi, Boy*, trad. de Janine HÉRISSON, © Éditions Gallimard, coll. « Folio Junior »,
© Roald Dahl Nominee Ltd. 1984.

4 **a. Relève quatre noms singuliers qui se terminent en [o], puis écris-les au pluriel.**

1. singulier : .... → pluriel : ....
2. singulier : .... → pluriel : ....
3. singulier : .... → pluriel : ....
4. singulier : .... → pluriel : ....

b. Écris le groupe nominal *de gros morceaux* au singulier.

de gros morceaux → ....

5 **Écris les noms suivants au pluriel.**

1. un genou → .... 2. un sou → ....

6 **Réécris au singulier la phrase soulignée. Surligne les mots qui gardent un *s* final au singulier.**

....

....

7 **Mets au masculin les adjectifs en gras.**

Féminin	des bottines **noires**	une table **ovale**	une célébration **annuelle**	des assiettes **bleues**
Masculin	des sacs	un miroir	un événement	des plats ....

9 Accorder un adjectif qualificatif

- Les adjectifs qualificatifs s'accordent en genre et en nombre avec le nom qu'ils caractérisent.

– En fonction d'**épithète**, l'adjectif se place avant ou après le nom qu'il caractérise. Il s'accorde en genre et en nombre avec ce nom : *de **belles** chaussures.*

– En fonction d'**attribut**, l'adjectif est séparé du nom ou du pronom qu'il caractérise par un verbe d'état. Il s'accorde en genre et en nombre avec ce nom ou ce pronom : *ses chaussures sont **belles**.*

Les **verbes d'état** (*être, paraître, sembler, devenir, rester, demeurer, avoir l'air, être considéré comme, passer pour...*) disent comment est le sujet et non pas ce qu'il fait.

- Attention à ces adjectifs qui, selon le cas, peuvent présenter la même forme au masculin et au féminin.

– Les adjectifs masculins en [ik] s'écrivent *-ique* (*magnifique*), sauf *public* et *laïc.*

– Les adjectifs masculins en [war] s'écrivent *-oire* (*provisoire*), sauf *noir.*

– Les adjectifs masculins en [il] s'écrivent *-ile* (*utile*), sauf *civil, puéril, subtil, vil, viril, volatil* et *tranquille.*

– Les adjectifs qui se terminent en *-al* prennent un *-e* **au féminin** (*une route nationale*), sauf *pâle, mâle, sale, ovale.*

– Les adjectifs qui se terminent en *-el* ou en *-eil* prennent deux *l* **au féminin** : *une vieille femme, une soirée exceptionnelle,* sauf *fidèle, parallèle, frêle, grêle.*

Appliquer

1 Mets au féminin les adjectifs qualificatifs.

un bel oiseau → une ...belle... colombe

le meilleur nageur → la ...meilleure... nageuse

un long manteau → une ...longue... veste

de vieux tabliers → de ...vieilles... blouses

2 Accorde correctement les adjectifs qualificatifs.

une décision politique → un débat ...politique...

des droites parallèles → des côtés ...parallèles...

une sentence provisoire → un jugement ...provisoire...

une chemise sale → un pantalon ...sale...

3 Dans chaque phrase, souligne le verbe d'état et encadre le sujet. Puis accorde correctement l'adjectif qualificatif ou le participe passé en fonction d'attribut.

1. Ces histoires sont vraies.... et authentiques....
2. Les chansons des Beatles restent très appréciées par les jeunes.
3. Les parents demeurent inquiets.... pour l'avenir de leurs enfants.
4. Pierre et Marie paraissent ravis.... de partir vivre à la campagne.

Aide-toi de la leçon pour identifier les verbes d'état.

Préparer la dictée

La Belle au bois dormant

Il était une fois un roi et une reine, qui étaient si fâchés de n'avoir point d'enfants, si fâchés qu'on ne saurait dire. Ils allèrent à toutes les eaux du monde ; vœux, pèlerinages, menues dévotions, tout fut mis en œuvre, et rien n'y faisait. Enfin pourtant la reine devint grosse, et accoucha d'une fille : on fit un beau baptême ; on donna pour marraines à la petite princesse toutes les fées qu'on pût trouver dans le pays (il s'en trouva sept) afin que chacune d'elles, lui faisant un don, comme c'était la coutume des fées en ce temps-là, la princesse eût par ce moyen toutes les perfections imaginables.

D'après Charles PERRAULT, « La Belle au bois dormant », *in Contes*, 1967.

4 **a. Souligne les adjectifs qualificatifs en fonction d'épithète. Encadre le nom avec lequel ils s'accordent.**

b. Surligne les adjectifs qualificatifs et participes passés en fonction d'attribut. Entoure les sujets avec lesquels ils s'accordent.

Tu dois souligner quatre adjectifs en fonction d'épithète, et surligner un adjectif et un participe passé en fonction d'attribut.

5 **Écris au masculin les adjectifs suivants.**

Adjectif féminin	menues	grosse	petite	imaginables
Adjectif masculin	....	....	....	....

6 **a. Relève dans la dictée deux mots qui se terminent par le son [sjɔ̃].**

1. .... 2. ....

b. À l'aide de la leçon de l'unité 3 (p. 10) et de l'exercice 1 de la même unité, retrouve des mots dans lesquels le son [sjɔ̃] s'écrit d'une autre manière.

....

7 **a. Relève un nom féminin qui se termine par le son [e].**

....

b. Dans chaque série de mots, barre l'intrus.

1. une clé — un blessé — un délégué — un procédé
2. une épée — une année — un musée — une allée
3. une pensée — une difficulté — une percée — une assiettée

Écrire les déterminants numéraux

- Les déterminants numéraux **cardinaux** sont en général **invariables** : *un, deux, trois, quatre, cinq, six, sept, huit, neuf, dix, onze, douze, treize, quatorze, quinze, seize, vingt, trente, quarante, cinquante, soixante, soixante-dix, quatre-vingt-dix.*

- Attention à ces règles particulières.
– ***Vingt*** se termine par un *-s* dans *quatre-vingts* mais il reste invariable si on ajoute une dizaine ou des unités : *quatre-vingt-dix ; quatre-vingt-sept.*
La règle est la même pour ***cent*** : on écrit *deux cents* mais *deux cent trois.*
– Le déterminant ***mille*** est toujours invariable, mais le nom ***millier*** prend un *s* au pluriel : *trois mille euros ; trois milliers d'euros.*
– On met un trait d'union entre les dizaines et les unités, sauf quand elles sont reliées par *et* : *deux cent quatre-vingt-dix-neuf ; soixante et onze.*

Appliquer

1 **Écris en lettres les nombres suivants.**

20 ....

87 ....

100 ....

837 ....

5 000 ....

80 ....

95 ....

400 ....

2 900 ....

2 980 ....

2 **Dans les phrases suivantes, écris en lettres le nombre entre parenthèses.**

1. Il m'a téléphoné (5) .... fois hier.
2. Ce théâtre contient (50) .... places.
3. J'ai (6) .... disques de musique classique.
4. Ma grand-mère vient de fêter ses (60) .... ans.

3 **a. Écris en lettres les nombres suivants.**
b. Sur chaque ligne, compare l'orthographe des deux nombres : surligne les graphies communes et souligne les graphies différentes.

5	cinq	**15**	quinze
13	....	16	....
30	....	40	....
6	....	10	....

Préparer la dictée

La fondation de la IIIe République

Le 4 septembre 1870, la République fut proclamée. Mais, humiliés par la défaite, les Parisiens se révoltèrent en 1871 : ce mouvement s'appelle la Commune. Le gouvernement réprima brutalement cette révolte et exécuta 25 000 « communards ». En 1875, à l'initiative du républicain Gambetta, les députés instaurèrent la IIIe République. De 1880 à 1885, Jules Ferry fit voter les lois garantissant les libertés fondamentales. Il rendit l'enseignement laïc, gratuit et obligatoire. En 1905, le gouvernement renforça la laïcité en votant la loi de séparation de l'Église et de l'État.

D'après *Histoire, cycle 3*, Éd. Hatier, coll. « Magellan ».

4 **Écris en lettres les nombres suivants.**

1870 ....

1871 ....

1905 ....

1885 ....

2500 ....

Attention aux traits d'union.

5 **Rappelle la règle d'accord de *vingt* et *cent*.**

Vingt et *cent* s'accordent quand ....

6 **a. Relève dans la dictée deux noms féminins qui se terminent en *-té*.**

....

b. Donne la règle des noms féminins en *-té* en complétant le texte suivant.

Les noms féminins qui se terminent en ...... ou en ...... s'écrivent sans *e* final.

Ce sont des noms .... qui expriment

une .... ou un ....

Aide-toi de la leçon de l'unité 5, p. 14.

c. Complète la phrase suivante à l'aide de noms féminins en *-té*.

La devise républicaine écrite sur les frontons des bâtiments publics est :

........................, ..., ...

11 Écrire les verbes du 1er groupe au présent de l'indicatif

● Les verbes du 1er groupe (infinitif en *-er*) ont les **mêmes terminaisons** au présent de l'indicatif. Ils se conjuguent sur le modèle de *chanter*.
Ex. : *je chant**e**, tu chant**es**, il chant**e**, nous chant**ons**, vous chant**ez**, ils chant**ent**.*

● En règle générale, le radical de ces verbes ne change pas au présent : *chant-er* → *je chant-e* ; *écout-er* → *j'écout-e*.
Cependant, **quelques verbes** présentent de **légères variations de radical**. Celles-ci sont liées à la transcription des sons (voir les unités 1 à 4). Ainsi :
– les verbes en ***-eler*** et ***-eter*** doublent la consonne *l* ou *t* aux personnes où l'on entend le son [ɛ] : *appeler* → *j'appe**ll**e* ; *jeter* → *je je**tt**e* ; d'autres prennent un accent grave aux mêmes personnes : *peler* → *je p**è**le* ; *acheter* → *j'ach**è**te* ;
– pour les verbes en ***-ger***, on ajoute un *e* après la consonne *g* à la 1re personne du pluriel, de manière à obtenir le son [ʒ] : *manger* → *nous man**ge**ons* ;
– pour les verbes en ***-cer***, on ajoute une cédille sous la consonne *c* à la 1re personne du pluriel, de manière à obtenir le son [s] : *lancer* → *nous lan**ç**ons* ;
– pour les verbes en ***-ayer***, ***-oyer***, ***-uyer***, on écrit *i* à la place de *y* aux personnes où l'on n'entend pas le son [j] : *essa**y**er* → *j'essa**i**e.*

Appliquer

1 Conjugue les verbes entre parenthèses aux personnes demandées du présent de l'indicatif.

je (*nager*) → ....
nous (*mélanger*) → ....
il (*rejeter*) → ....
nous (*balancer*) → ....
nous (*tracer*) → ....
je (*renouveler*) → ....

2 Complète les pointillés par *i* ou *y*.

j'essa........e
tu netto........es
nous essu........ons
il s'ennu........e
vous bala........ez
nous pa........ons

3 Conjugue les verbes entre parenthèses au présent de l'indicatif, à la 1re personne du singulier puis du pluriel.

(*Acheter*) J'........................... / nous .... des courgettes. (*Les nettoyer*) Je les .... / nous les ...., (*les peler*) je les .... / nous les .... (*Les couper*) Je les .... / nous les .... (*Les placer*) Je les .... / nous les .... sur la pâte. (*Mélanger*) Je .... / nous .... œufs et lait et (*verser*) je les .... / nous les .... sur les courgettes. (*Manger*) Je .... / nous .... la tarte aux courgettes chaude.

Préparer la dictée

Le narrateur évoque son arrivée à Sainte-Agathe avec ses parents instituteurs.

> C'est ainsi, du moins, que j'imagine aujourd'hui notre arrivée. Car aussitôt que je veux retrouver le lointain souvenir de cette première soirée d'attente dans notre cour de Sainte-Agathe, déjà ce sont d'autres attentes que je me rappelle ; déjà, les deux mains appuyées aux barreaux du portail, je me vois épiant avec anxiété quelqu'un qui va descendre la grand'rue. Et si j'essaie d'imaginer la première nuit que je dus passer dans ma mansarde, au milieu des greniers du premier étage, déjà ce sont d'autres nuits que je me rappelle.

D'après ALAIN-FOURNIER, *Le Grand Meaulnes*,

4 **Surligne les verbes du 1er groupe conjugués au présent de l'indicatif.**

Tu dois surligner quatre verbes, dont deux identiques.

5 **a. Recopie ces verbes et indique leur infinitif.**

1. .... → Infinitif : ....
2. .... → Infinitif : ....
3. .... → Infinitif : ....

b. Parmi ces verbes, encadres-en deux dont le radical au présent n'est pas le même que celui de l'infinitif.

Relis les leçons 2 et 4, p. 8 et 12.

6 **Écris dans le tableau le nom dérivé des verbes suivants.**

essayer	un	oublier	un ....
envoyer	un	ennuyer	un ....
crier	un	envier	une ....

7 **Complète les mots des phrases suivantes par le son [j].**

1. Les deux mains appu.....ées aux barreaux du porta....., je me vois ép.....ant avec anx.....été quelqu'un qui va descendre la grand'rue.
2. J'ai une drôle d'impress.....on. Tout cela ne me dit r.....en qui va...... Essa.....ons de réagir froidement, sans pass.....on. Tout ceci n'est peut être qu'une construct.....on de notre esprit.

Écrire les verbes du 3e groupe au présent de l'indicatif

● Tous les verbes qui ne se conjuguent ni sur le modèle de *chanter* (1er groupe) ni sur celui de *finir* (2e groupe) font partie du 3e groupe. **Ce groupe de verbes irréguliers** rassemble :

– le verbe ***aller***, dont les conjugaisons sont irrégulières ;

– les verbes en ***-ir*** dont la 1re personne du pluriel du présent est en *-ons* : *partir* → *nous par**tons***. Attention ! *Fin-**ir*** est du 2e groupe car la 1re personne du pluriel du présent est en *-issons* : *nous finissons* ;

– les verbes en ***-oir*** (*recevoir*) et en ***-re*** (*rendre*).

● Aux trois personnes du singulier du présent, les verbes du 3e groupe ont généralement les terminaisons **-s, -s, -t** : *je par**s**, tu par**s**, il par**t***.

Cependant, il existe d'autres terminaisons possibles :

– ***-ds***, ***-ds***, ***-d*** pour les verbes en *-dre* : *je pren**ds**, tu pren**ds**, il pren**d*** ;

Attention ! les verbes en *-indre* et *-soudre* ont des terminaisons en ***-s***,***-s***, ***-t*** : *je pein**s**, tu pein**s**, il pein**t** ; je résou**s**, tu résou**s**, il résou**t***.

– ***-x***, ***-x***, ***-t*** pour les verbes *pouvoir, vouloir, valoir* : *je peu**x**, tu peu**x**, il peu**t*** ;

– ***-e***, ***-es***, ***-e*** pour quelques verbes comme *ouvrir, cueillir...* : *j'ouvr**e**, tu ouvr**es**, il ouvr**e***.

Appliquer

1 **Classe les verbes suivants dans le tableau ci-dessous en fonction de leurs terminaisons au présent de l'indicatif :** *atteindre, attendre, boire, dire, dissoudre, faire, mordre, répondre, vendre, valoir, voir, vouloir.*

N'oublie pas que les verbes en *-indre* ou *-soudre* suivent la règle générale.

Terminaisons aux trois premières personnes du singulier du présent		
-s, -s, -t	*-ds, -ds, -d*	*-x, -x, -t*
atteindre boiRe	attendre mordRe	valoiRe
diRe dissoudRe	Répondre	vouloiRe
faire voiR	vendRe	

2 **Conjugue au présent les verbes entre parenthèses.**

Le médecin (*prit*) prend ma mère à part et je les (*entendis*) entend chuchoter. Je (*vis*) vis que ma mère avait l'air sombre mais elle (*acquiesça*) acquiece. Le docteur (*mit*) met de l'eau à bouillir, et il y (*plaça*) place un instrument en acier. Le docteur se (*pencha*) penche sur moi avec ce long instrument. Il le (*tenait*) tenit devant mon visage et encore aujourd'hui je (*pourrais*) peux le décrire.

D'après Roald Dahl, *Moi, Boy*, trad. de Janine HÉRISSON, © Éditions Gallimard, coll. « Folio Junior », 1997.

Préparer la dictée

Tétiki assiste à l'embaumement de son ami Hori.

> Dans l'atelier des viscères, on enlève d'abord le cerveau avec un crochet de cuivre. Puis on dissout le reste de l'encéphale avec des drogues dissolvantes. On s'occupe enfin du corps : on ouvre le flanc du défunt pour retirer les poumons, le cœur et l'estomac .
> Tétiki nettoie ensuite le corps avec du vin de palmier. Ce travail terminé, on entreprend la déshydratation du cadavre : une odeur nauséabonde se dégage de l'atelier. Tétiki s'efforce de ne pas tomber malade. La nuit, il fait des cauchemars.
> Dans l'atelier de décoration, on entoure le corps, les doigts et les pieds de bandelettes qu'on peint.

D'après Odile WEULERSSE, *Les Pilleurs de sarcophages*,

3 **a. Ce récit est rédigé au présent. Surligne les verbes du 3e groupe qui se conjuguent sur le modèle de *dissoudre*, et entoure le verbe du 3e groupe qui se conjugue sur le modèle de *prendre*.**

Tu dois surligner quatre verbes et entourer un verbe.

b. Complète la règle de conjugaison des verbes *dissout* et *peint*.

Aux trois personnes du singulier du présent de l'indicatif, les verbes en *-indre* et *-soudre* ont les terminaisons suivantes : ....

4 **Écris l'infinitif des verbes *enlève* et *nettoie*.**

Attention aux modifications de radical. Relis la leçon de l'unité 11, p. 26.

1. enlève → ....
2. nettoie → ....

5 **a. Écris au singulier ou au pluriel les mots suivants de la dictée.**

1. corps → pluriel : .... 3. flanc → pluriel : .... 5. estomac → pluriel : ....

2. doigts → singulier : .... 4. pieds → singulier : ....

b. Complète les phrases suivantes avec des mots de la famille de ceux qui sont soulignés dans la dictée. Ex. : *flanc → un immeuble **flanqué** de décorations*

1. Il est important de faire de l'exercice .... pour se sentir bien dans sa peau.
2. J'ai été .... par cette nouvelle.
3. Il faut beaucoup de .... pour réussir ce tour de magie.
4. Nous avons fait une longue randonnée .... dans la montagne.

Distinguer les terminaisons homophones du présent de l'indicatif

Quand un verbe conjugué au présent se termine par le son [i], il faut rechercher son groupe pour bien orthographier sa terminaison :
– si le verbe est du **1er groupe**, il se termine par **-e, es, -e** ;
– s'il appartient au **2e** ou au **3e groupe**, il se termine par **-s, s, -t**.

1er groupe		2e groupe	3e groupe
cri-**er**	appuy-**er**	fin-**ir**	di-**re**
je cri-**e**	j'appui-**e**	je fin-**is**	je di-**s**
tu cri-**es**	tu appui-**es**	tu fin-**is**	tu di-**s**
il cri-**e**	il appui-**e**	il fin-**it**	il di-**t**

Appliquer

1 **Complète la terminaison de chaque verbe après avoir indiqué son infinitif et son groupe dans les parenthèses.**

1. Il uni......... les jeunes gens. → Infinitif : ...., ... groupe
2. Nous pâli......... d'inquiétude. → Infinitif : ...., ... groupe
3. Tu frémi......... d'impatience. → Infinitif : ...., ... groupe
4. Tu photographi......... la mer. → Infinitif : ...., ... groupe
5. Le pirate enfoui......... le trésor. → Infinitif : ...., ... groupe
6. Je li......... beaucoup. → Infinitif : ...., ... groupe
7. Je remerci......... tous ceux qui m'ont aidé. → Infinitif : ...., ... groupe
8. Solenn tri......... tous ses papiers. → Infinitif : ...., ... groupe
9. Je ri......... toujours à cette blague. → Infinitif : ...., ... groupe

2 **Complète la terminaison des verbes en gras.**

Pierre **multipli**........ 85 par 200. Il **réfléchi**...... et effectue son opération. Il n'**oubli**........ pas les retenues. Il **vérifi**....... ses calculs et, à sa grande surprise, le résultat est faux. Il ne **réussi**....... pas à comprendre son erreur tout seul. Il lève le doigt et appelle son institutrice qui lui **di**........ : « Tu ne t'es pas appliqué ! **Reli**........ ce que tu as écrit. » Alors Pierre **s'aperçoi** .... qu'il n'a pas bien posé son opération. Il **recopi**....... correctement tous les chiffres et **fini**....... par trouver la bonne solution.

N'oublie pas de t'interroger sur le groupe du verbe.

Préparer la dictée

Caméra contre un requin

Caméra au poing, je subis une nouvelle fois la charge du monstre qui surgit des profondeurs bleutées. La tête menaçante grossit rapidement, emplit tout l'objectif, devient immense. Sans réfléchir, je brandis la caméra comme un bouclier, j'appuie sur le levier de déclenchement et je me trouve en train de filmer la bête qui fonce sur moi. J'attends le choc. Rien ! Cette fois encore, dans un bouillonnement d'écume, l'animal bondit, m'évite et disparaît.

3 **Surligne les verbes du 1er groupe et encadre les verbes du 2e groupe.**

4 **Complète le tableau en conjuguant les verbes aux 1re et 3e personnes du singulier et du pluriel du présent de l'indicatif. Pour t'aider, certaines formes verbales qui figurent dans la dictée te sont données.**

	1re pers. sing.	3e pers. sing.	1re pers. plur.	3e pers. plur.
subir	je subis	il	nous	ils ....
grossir	je	il grossit	nous	ils ....
emplir	je	il emplit	nous	ils ....
appuyer	je	il	nous	ils ....
bondir	je	il bondit	nous	ils ....

5 **a. Relève dans la dictée deux noms masculins qui se terminent en [e].**

....

....

b. Relève un verbe du 1er groupe à l'infinitif.

....

6 **Réécris la phrase suivante en remplaçant le nom *profondeurs* par le nom *fond* :** « Le monstre surgit des profondeurs bleutées. »

....

Attention à l'accord de l'adjectif *bleuté*.

14 Écrire un verbe au présent de l'impératif

● Le mode impératif s'emploie pour exprimer **un ordre, un conseil, une interdiction.** Il se caractérise par l'absence de pronom personnel sujet.

● Il n'existe qu'à trois personnes (2e personne du singulier, 1re et 2e personnes du pluriel) et emprunte ses terminaisons à l'indicatif présent :
– 1er groupe : *chant**e**, chant**ons**, chant**ez**.*
– 2e groupe : *fini**s**, fin**issons**, fin**issez**.*
– 3e groupe : *par**s**, part**ons**, part**ez** ; prend**s**, pren**ons**, pren**ez**.*
Attention ! Il n'y a pas de *s* final à la 2e personne de l'impératif du verbe *aller*: *va !*

● Tous les verbes du 1er groupe (et ceux du 3e groupe du type *ouvrir* qui se conjuguent sur le modèle des verbes du 1er groupe) s'écrivent sans *-s* final à la 2e personne du singulier du présent de l'impératif. Ex. : *Chante plus fort ! Ouvre la fenêtre !*
Attention ! Le ***s final*** de la personne du singulier est **maintenu** quand le verbe est suivi des pronoms ***en*** et ***y***.
Ex. : *Achète du pain. → Achètes-en. Va à la boulangerie. → Vas-y.*

Appliquer

1 Conjugue les verbes suivants à la 2e personne du singulier du présent de l'impératif.

chanter → .... aller → ....
peindre → .... secourir → ....
prendre → .... essuyer → ....
avertir → .... appeler → ....

Revois les leçons des unités 11 et 13 sur le présent de l'indicatif, p. 26 et 30.

2 Conjugue les verbes suivants à la 1re personne du pluriel de l'impératif.

1. ranger → .... 2. menacer → ....

3 Conjugue les verbes en italique à l'impératif présent, à la 2e personne du singulier puis du pluriel.

Il peut y avoir des modifications dans l'ordre des mots et dans la forme des pronoms.

(*Prendre*) .... / .... la quantité de grenouilles qu'il faut, (*les laver*) .... / .... bien, (*ôter*) .... / .... les os des cuisses. (*Les passer*) .... / .... ensuite dans une pâte à friture et (*les faire*) .... / .... frire dans du beurre fondu bien chaud. (*Vous en servir*) .... / .... pour faire un cordon autour du potage.

Pour finir, (*y verser*) .... / .... quelques gouttes de citron.

Corrigés

1 Orthographe d'usage — Les sons

1 **Écris dans les crochets le phonème qui correspond à la prononciation des graphies en caractères gras.**

ar**ch**éologue	[k]	**ch**irurgien	[ʃ]		
lent**e**ment	[ə]	prud**e**mment	[a]	f**e**mme	[a]
para**s**ol	[s]	al**s**acien	[z]		
ta**x**i	[ks]	e**x**ercice	[gz]		

- Quand la graphie *ch* se prononce [k], le mot vient du grec; quand il se prononce [ʃ], le mot vient du latin.

2 **La première colonne te donne une liste de phonèmes. Chacun d'eux peut être transcrit par les graphies indiquées à sa droite. Écris sur chaque ligne un mot qui contient la graphie correspondante.**

[f]	***f*** fort	***ff*** effort	***ph*** phalange		
[o]	***o*** kilo	***au*** faux	***eau*** bateau		
[k]	***c*** cacao	***k*** kiwi	***q*** coq	***q*** quille	***ch*** chorale
[ɛ̃]	***in*** matin	***ein*** frein	***ain*** main	***ym*** thym	

- Les mots dans lesquels le son [f] s'écrit *ph* viennent du grec. Ce sont souvent des mots savants.
- Les familles de mots peuvent t'aider à trouver la graphie correcte du son [ɛ̃] (*matin → matinal; main → manuel; aucun → aucune*...).

3 **Surligne dans le poème tous les homonymes du mot *vert*.**

Il y a le vert du cerfeuil
Et il y a le ver de terre.
Il y a l'endroit et l'envers,
L'amoureux qui écrit en vers,
Le verre d'eau plein de lumière,
La fine pantoufle de vair
Et il y a moi, tête en l'air,
Qui dit toujours tout de travers.

4 **Écris le mot *vert* en API.**

[vɛr]

- L'API transcrit des sons et non des lettres. Le mot *vert* s'écrit avec quatre lettres, mais sa transcription phonétique n'a que trois signes car le *-t* final ne s'entend pas.

5 **a. Le nom *vers* appartient au domaine de la poésie. Cherche des mots de la même famille dans un dictionnaire.**

1. versification 2. versifier

b. Recherche le sens du mot *vair*.

Le *vair* est un nom ancien qui désigne de la fourrure de petit-gris (variété d'écureuil de Russie et de Sibérie).

6 **a. Entoure tous les mots dans lesquels tu entends le son [ɛ].**
b. Reporte chacun de ces mots dans la colonne correspondante.

è	*ê*	*e* + consonne(s)	*ai*
lumière	tête	vert, cerfeuil, terre, ver, envers, vers, verre, travers	vair, air

- Ne confonds pas le nom masculin *air (un air de famille, l'air d'une chanson)* et le nom féminin *aire* qui désigne une surface *(une aire de jeux, une aire de repos sur l'autoroute, calculer l'aire en géométrie)*.

2 Orthographe d'usage

Les accents

1 **a. Dans les noms suivants, écris les sons [ɛ] ou [e] comme il convient.**

une épée – la crème – une ménagère – une expérience – la forêt – la peine – un réveil – une reine – un hémisphère – une manière – la laine – le miel

b. Dans les verbes suivants, écris les sons [ɛ] ou [e] comme il convient.

démarrer – descendre – ils viennent – régner – il acquiert – rêver – ils règnent – tu jettes – j'appelle – piétiner – il pèle – il achète

● Devant la consonne *x*, la lettre *e* s'écrit toujours sans accent pour transcrire le son [ɛ] (*expérience, exercice, extraire*).

2 **Dans chaque case, écris un mot de la même famille qui justifie la présence de l'accent circonflexe sur la lettre écrite en bleu.**

forêt	forestier	ancêtre	ancestral
bête	bestial	bâton	bastonnade
vêtement	vestimentaire	goût	gustatif

● L'accent circonflexe sur le *a* peut aussi indiquer une différence de prononciation (*les pattes du chien* : [a] et *la pâte à tarte* : [ɑ]) ; l'accent circonflexe sur le *a* indique qu'il se prononce à l'arrière de la bouche.

3 **a. Dans le texte de la dictée, souligne tous les mots dans lesquels tu entends le son [ɛ].**

« Écoute maintenant ce que je vais te dire. Il vous faudra passer près des Sirènes. Elles charment tous les mortels qui les approchent. Mais bien fou qui relâche pour entendre leur voix aiguë ! Jamais en son logis, sa femme et ses enfants ne fêtent son retour : car, de leurs fraîches voix, les Sirènes le charment. Passe sans t' arrêter . Nous passons. L' île disparaît . »

b. Classe ces mots dans le tableau suivant.

son [ɛ]				
e	*è*	*ê*	*ai*	*aî*
Elles mortels	près Sirènes	fêtent arrêter	mais jamais aiguë vais	disparaît fraîches

4 **a. Surligne les mots du texte qui s'écrivent avec un accent circonflexe.**

b. Complète les phrases suivantes avec des mots de la même famille que *arrêter* et *fêter*.

– Après son arrestation, le bandit a été mis en prison.
– Mes parents viennent de partir au festival d'Avignon.

● Dans les mots *arrêter* et *fêter*, l'accent circonflexe remplace la lettre *s* qu'on ne prononce plus mais qu'on retrouve dans les mots de la même famille (*arrestation, festival*).

5 **Complète la phrase suivante avec un homonyme du mot *près*.**

Maxime a fermé sa valise. Il est prêt à partir en vacances.

● Ne pas confondre les homonymes *près* (à côté de) et *prêt* (disposé à).

6 **a. Dans le groupe nominal *leur voix aiguë*, remplace le nom *voix* par le nom *cri* et écris l'adjectif comme il convient.**

leur cri aigu

b. À l'aide de la leçon, explique à quoi sert le tréma sur le *e* d'*aiguë*.

Le tréma indique que les lettres *u* et *e* se prononcent séparément.

● Le tréma se rencontre le plus souvent sur la voyelle *i*.

3 Orthographe d'usage — Les sons [s] et [ʒ]

1 Relie le mot de la colonne de gauche à la graphie qui lui convient.

balancer	s
boisson	ss
garçon	c
portion	ç
passion	t
balançoire	
emplacement	
espérer	

● Le son [sjɔ̃] s'écrit le plus souvent *-tion* en fin de mot. Cependant, pour quelques mots qu'il faut apprendre par cœur, il peut s'écrire *-ssion* (*passion, possession*).

2 Écris correctement les sons [ʒ] ou [s] dans les verbes suivants.

a. manger : je mange, nous mangeons, je mangeais, nous mangions, il mangea, en mangeant.
b. lancer : je lance, nous lançons, je lançais, nous lancions, il lança, en lançant.

● La lettre *c* se prononce [k] devant *a*, *o* et *u*. Pour obtenir le son [s] devant *a*, *o* et *u*, il faut mettre une cédille sous le *c*. La cédille est impossible sous le *c* quand il est suivi de *e* et *i*.

3 a. Souligne tous les mots dans lesquels tu entends le son [s].
b. Surligne tous les mots dans lesquels tu entends le son [ʒ].

Ali Baba était, un jour, dans la forêt, et il attendait d'avoir coupé à peu près assez de bois pour faire la charge de ses ânes, lorsqu'il aperçut une grosse poussière qui s'élevait en l'air et qui avançait droit du côté où il était. Il regarde attentivement et il distingue une troupe nombreuse de gens à cheval qui venaient d'un bon train.
Quoiqu'on ne parlât pas de voleurs dans le pays, Ali Baba néanmoins eut la pensée que ces cavaliers pouvaient en être. Sans considérer ce que deviendraient ses ânes, il songea à sauver sa personne.

c. Illustre chacune des graphies par un exemple de la dictée.

le son [s]				le son [ʒ]		
s	*ss*	*c*	*ç*	*j*	*g*	*ge*
ses	poussière	ces	aperçut	jour	charge	songea

● Voir, dans l'unité 26, la distinction entre les homonymes *ces* et *ses*.

4 Explique pourquoi le son [s] s'écrit *ss* dans les mots *poussière* et *assez*.

Entre deux voyelles, c'est la graphie *ss* qui traduit le son [s]. Sinon, c'est la graphie *s*.

● La transcription du son [s] par la graphie *ss* n'est possible qu'entre deux voyelles.

5 Complète la grille de mots croisés avec des mots que tu trouveras dans la dictée.

Horizontalement
Verbe *regarder* à la troisième personne du singulier du présent.

Verticalement
a. Verbe *songer* à la 3e personne du singulier du passé simple.
b. Ensemble d'arbres, synonyme de *bois*.
c. Elle se dépose sur les meubles quand on ne fait pas le ménage.

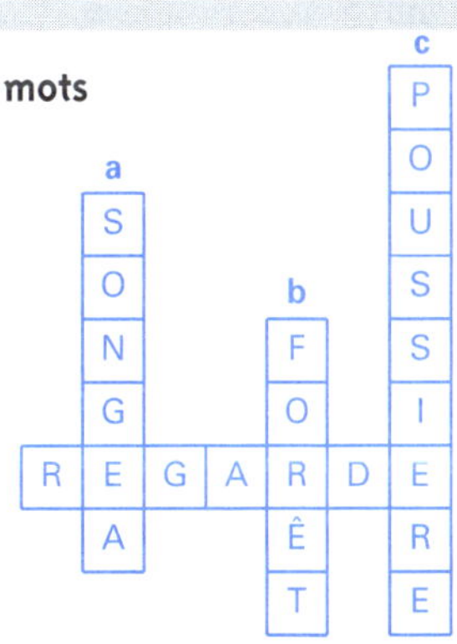

● Pour les conjugaisons du présent et du passé simple, reporte-toi aux unités 11 et 21, p. 26 et 46.

4 Orthographe d'usage

Le son [j]

1 **Relie le mot de la colonne de gauche à la graphie qui lui convient.**

un trava...	
je trava....	-il
un réve...	
je réve....	
la rou....	
un conse....	-ille
je te conse....	

● Rappelle-toi que les noms féminins et les verbes conjugués ont la même terminaison en *-ille*.

2 **Complète les mots suivants avec la lettre *i* ou la lettre *y*. Pour t'aider, certaines formes conjuguées figurent déjà dans le tableau.**

Infinitif	Indicatif présent		Indicatif futur
	1re pers. sing.	1re pers. plur.	3e pers. sing.
essayer essuyer envoyer payer	j'essaie j'essuie j'envoie je paie	nous essayons nous essuyons nous envoyons nous payons	il essaiera il essuiera il enverra ils paieront

● Il faut conserver la lettre *y* quand tu entends le son [j]. Quand tu ne l'entends plus, remplace *y* par *i*.

● Pour les verbes en *-ayer*, deux graphies sont possibles aux trois personnes du singulier et à la 3e pers. du pluriel : *j'essaie/j'essaye ; tu essaies/tu essayes ; il essaie/il essaye ; ils essayent/ils essaient.*

3 **a. Surligne tous les mots dans lesquels tu entends le son [j]**
b. Classe-les ensuite dans le tableau suivant.

Une autobiographie, c'est un livre qu'on écrit pour essayer de raconter sa propre vie et qui déborde, en général, de toutes sortes de détails fastidieux. Ce livre n'est pas une autobiographie. L'idée ne me viendrait pas d'écrire pareil ouvrage. Par ailleurs, durant toutes mes jeunes années à l'école et juste après, ma vie a été émaillée d'incidents que je n'ai jamais oubliés. Aucun n'est très important, mais chacun d'entre eux m'a laissé une si forte impression que je n'ai jamais réussi à le chasser de mon esprit.

i	*il*	*ill*	*y*
autobiographie fastidieux oubliés impression	détails pareil	ailleurs émaillée	essayer

● Dans *détail*, *ailleurs* et *émailler*, on entend le son [aj], tandis que dans *essayer* on entend le son [ɛj].

4 **a. Recherche la définition du mot *autobiographie*.**
Une autobiographie est une œuvre dans laquelle un auteur raconte sa propre vie.
b. Complète les phrases suivantes avec des mots dans lesquels le son [f] s'écrit *ph*.
1. Je viens d'encadrer une très belle photo de Bretagne.
2. Mes matières préférées sont l'histoire et la géographie.
c. Trouve d'autres mots dans lesquels le son [f] s'écrit *ph*.
éléphant – pharaon – pharmacien

● Tous les mots dans lesquels le son [f] s'écrit *ph* viennent du grec.

5 **a. Relève dans la dictée un nom qui se termine par le son [sjɔ̃].**
impression
b. Trouve une graphie (orthographe) plus courante de ce son et illustre-la par un exemple. portion

5 Orthographe d'usage — Les noms et adjectifs en [e]

1 **Écris le nom masculin ou féminin qui convient sous chacun des dessins ci-dessous.**

une clé

un scarabée

une fée

un cahier

une portée

2 **Sur chaque ligne, écris le nom masculin dérivé du verbe du 1er groupe correspondant.**

1. déjeuner → un déjeuner
2. goûter → un goûter
3. exposer → un exposé
4. déléguer → un délégué

● Les noms masculins dérivés d'un verbe du 1er groupe à l'infinitif se terminent en *-er*. Ils se terminent en *-é* s'ils sont dérivés du participe passé de ce verbe (*un exposé* est *ce qui* ***est exposé***; *un délégué* est celui qui ***est délégué***).

3 **Complète les terminaisons des mots suivants.**

1. Une odyssée est un long et périlleux voyage. – 2. Le camée est une pierre précieuse qui orne les bijoux qu'on trouve dans les musées. – 3. Vénus est la déesse de la beauté. – 4. Un mausolée est un tombeau. – 5. Un déjeuner léger est préférable si l'on doit travailler. – 6. La gaieté est une grande qualité. – 7. Un athée ne croit pas en Dieu.

● La terminaison *-er* se trouve à l'infinitif des verbes du 1er groupe (*chant-er*), à la fin des noms masculins désignant des noms de métiers ou des arbres fruitiers (*le boulanger, le pommier*), et à la fin des adjectifs dont le féminin est en *-ère (léger/légère)*.

4 **a. Surligne un nom commun masculin et un nom propre qui se terminent par le son [e].**

b. Souligne tous les noms communs féminins qui se terminent par le son [e].

La pluie était tombée tout le jour, pour ne cesser qu'au soir. La journée avait été mortellement ennuyeuse. Après la dernière récréation, M. Seurel s'arrêta et demanda : « Qui est-ce qui ira demain en voiture à la Gare pour chercher M. et Mme Charpentier ? »
C'étaient mes grands-parents : grand-père Charpentier était un vieux garde forestier à la retraite. Il portait un bonnet de poil de lapin qu'il appelait son képi. Les écoliers le connaissaient bien. Le matin, pour se débarbouiller, il tirait un seau d'eau, dans lequel il barbotait. Un cercle d'enfants, les mains derrière le dos, l'observaient avec une curiosité respectueuse…

● Il faut revoir la leçon de l'unité 16, p. 36, avant de faire la dictée.

5 **a. Relève dans la dictée un nom masculin qui se termine par *-et*.**

bonnet

b. Complète les phrases suivantes avec d'autres noms masculins qui se terminent par *-et*.

1. Je préfère les plages de sable aux plages de galets.
2. Pour Noël, on offre des jouets aux enfants.
3. J'ai confié un secret à ma meilleure amie : elle ne doit pas le répéter.
4. Autrefois, on fermait les lettres avec un cachet de cire.

● La plupart des noms masculins en [ɛ] s'écrivent *-et*. On peut parfois vérifier cette orthographe avec les mots de la même famille (*un cachet/cacheter*). S'il s'agit d'un adjectif, on le mettra au féminin pour vérifier l'orthographe (*secret/secrète*, mais *léger/légère*).

6 **a. Relève un adjectif qui se termine par le son [e].** forestier
b. Écris-le au féminin. forestière

● *Forestier* se termine en *-er* comme la plupart des noms masculins désignant des métiers.

7 **Le mot *seau* a plusieurs homonymes. Complète les phrases suivantes avec l'homonyme qui convient : *saut*, *sceau*, *sot*.**

1. Léo a fait un saut dans la piscine.
2. Sacha n'est pas aussi sot qu'il en a l'air.
3. Un sceau est un grand cachet utilisé pour rendre un acte officiel authentique.

● Tu peux t'aider aussi des mots de la même famille (*saut/sauter ; sot/sotte/sottise ; sceau/sceller → marquer d'un sceau, d'un cachet pour fermer*).

6 Orthographe d'usage — La consonne finale

1 **Écris le masculin des noms et adjectifs suivants.**

1. vraie → vrai
2. chatte → chat
3. épaisse → épais
4. postière → postier
5. verte → vert
6. grise → gris

2 **Complète les mots par la consonne qui convient.**

1. Isabelle a rencontré Bruno par hasard.
2. Le chant du rossignol m'a réveillé.
3. Nous avons cueilli des mûres dans le champ du voisin.
4. Je n'ai pas le numéro de téléphone de Sophie.
5. Le cheval est parti au galop.
6. Pour échapper à la pluie, nous sommes restés quelques minutes sous un abri.

● On distinguera les homonymes *chant* (du verbe *chanter*) et *champ* (*champêtre, champignon*, et aussi *champagne*). Attention ! Dans certains mots, on ne retrouve pas la consonne finale attendue (*numéro/numéroter ; abri/abriter*).

3 **Complète le tableau en cherchant pour chaque mot un mot de la même famille qui justifie la consonne finale écrite en bleu.**

blanc	blancheur	champ	champêtre
tard	tardif	chant	chanter
accroc	accrocher	fin	final
galop	galoper	faim	famine

● Les familles de mots permettent de distinguer les homonymes *fin* et *faim*. Le mot fa[m]ine donne une double information sur l'écriture du nom *faim* : le son [ɛ̃] s'écrit avec un *a* et un *m* (ai[m]).

4 **Pour chaque mot proposé, trouve un mot de la même famille qui te permettra de justifier la consonne finale.**

Mon père chargea son fusil. Mon frère Paul, à demi caché derrière le tronc du figuier, regardait d'un œil.
L'oncle se retira au trot, et dit :
– Allez-y !
Mon père visa et tira. Il ne parut ni ému ni surpris .
Le coup avait frappé au milieu de la porte, car les plombs entouraient le journal sur les quatre côtés.
Enfin mon oncle s'écria :
– On va tirer les chevrotines.
Ils tirèrent en même temps ; le fracas fut étourdissant. Ils s'avancèrent tous les deux, souriants et satisfaits .

fusil	fusiller	plomb	plombier
tronc	tronçonneuse	temps	temporel
trot	trotter	fracas	fracasser

● Les mots *temps* (du latin *tempus*) et *corps* (du latin *corpus*) ont conservé le *-s* final présent en latin ; en revanche, le mot *champ* (du latin *campus*) a perdu le *-s* final.

5 **Écris le féminin des adjectifs et participes surlignés dans la dictée de façon à justifier la consonne finale.**

1. surpris → surprise 2. souriant → souriante 3. satisfait → satisfaite

6 **Le mot *coup* vient du latin *culpus*. C'est pourquoi il se termine par un *p*. Complète les phrases suivantes avec un des homonymes suivants : *coût, cou, coud*.**

1. Nathan est tombé de cheval sur le dos ; il s'est fait mal au cou.
2. Il coud des rideaux.
3. Le coût de cet objet, indiqué sur l'étiquette, me semble trop élevé.

- *Cou* et *col* sont de la même famille : le *-l* final du mot *col* s'est transformé en *-u*. Ce phénomène s'observe dans le pluriel des noms en *-al* (*un journa[l]/des journa[u]x*).
- *Il coud* se termine par un *-d* à la 3e personne du singulier du présent de l'indicatif (comme tous les verbes en *-dre*). L'accent circonflexe sur le *u* de *coût* indique la disparition de la lettre *s* qui se trouvait dans le mot en latin.

7 Orthographe d'usage — Redoubler une consonne

1 **Complète les pointillés par la consonne simple ou double qui convient.**

1. effectuer – offensive – afin – affection – effrayer – effectivement – en effet.
2. aplatir – apparaître – apaiser – appareil – apercevoir.
3. accueillir – oculiste – acrobate – occlusion – acoustique – accordéon.

2 **Écris les antonymes de ces mots en utilisant le préfixe *in-*.**

1. mortel → immortel
2. régulier → irrégulier
3. limité → illimité
4. respectueux → irrespectueux
5. responsable → irresponsable
6. logique → illogique

3 **Vérifie que tu connais le sens des exceptions suivantes en reliant chaque mot à sa définition.**

apeuré	chercher à inspirer la pitié
apitoyer	craintif
apesanteur	vers de huit syllabes
acoustique	qui concerne les sons
octosyllabe	absence de pesanteur

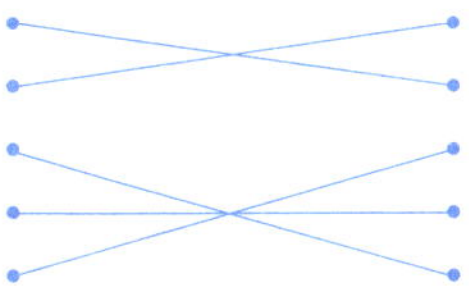

- Tu peux t'aider du dictionnaire pour vérifier le sens des mots que tu ne connais pas.

4 **Relève deux verbes commençant par *acc-*.**

Mlle Legourdin considérait avec un mélange d'horreur et de fascination le triton qui se tortillait dans son verre. Matilda fut envahie d'une sensation tout à fait extraordinaire qui se localisait dans les yeux. Une sorte d'électricité semblait s'y accumuler. Une force irrésistible s'amassait au fond de ses orbites. Ses globes oculaires devenaient brûlants. Elle vit le verre vaciller légèrement, puis il commença à s'incliner, à pencher de plus en plus jusqu'à ce qu'il s'immobilise en équilibre. Enfin, il bascula et s'abattit sur la table. Le triton se cramponnait désespérément au tissu de sa robe auquel s'accrochaient ses petites pattes griffues.

1. accumuler 2. accrocher

- N'oublie pas que *accroc* se termine par un *-c* (*accro[c]/accro[c]her*).

5 **Les mots commençant par *occ-* prennent généralement deux *c*. Relève une exception dans la dictée.**

oculaire

- Les mots de la famille d'*oculaire* prennent eux aussi un seul *c* (*oculiste*).

6 **a. Relève deux mots qui commencent par le préfixe négatif *in-*.**

1. irrésistible 2. s'immobilise

b. Complète la règle du redoublement de consonne au début de ces mots.

Devant les consonnes *m*, *l* et *r*, le préfixe *in-* subit l'attraction de la consonne qui suit et se transforme en *imm-*, *ill-* et *irr-*.

7 **Complète le tableau à l'aide de mots de la dictée qui présentent un redoublement de consonne.**

-rr-	*-mm-*	*-ll-*	*-tt-*	*-ff-*
horreur verre irrésistible	commença immobilise	tortillait vaciller	s'abattit pattes	griffues

- Attention à la prononciation de la graphie *-ill* : dans *tortillait* et *vaciller*, on prononce [ijɛ] et [ije].

8 **Après la voyelle *o*, la consonne *n* est généralement doublée comme dans *cramponner*. Complète la phrase suivante avec deux verbes en *-onner*.**

Un chat ronronne alors qu'une personne de mauvaise humeur marmonne.

- Attention aux exceptions : *honneur* et *déshonneur* prennent deux *n* mais *honorer*, *honorable*, *déshonorer* et *honorifique* n'en prennent qu'un. De même pour *monnaie* mais *monétaire*, ou *résonner* mais *résonance*, ou encore *sonner/sonnerie* mais *sonate/sonorité*.

8 Formation du pluriel et accords — Pluriel des noms et des adjectifs

1 **Écris les groupes nominaux suivants au pluriel.**

un feu désastreux → des feux désastreux
un journal régional → des journaux régionaux
un cadeau original → des cadeaux originaux
une journée nationale → des journées nationales
un travail génial → des travaux géniaux
un mal de tête → des maux de tête

- Les adjectifs en *-eux* prennent un *-x* au singulier ; leur féminin est en *-euse* (*curieux/curieuse ; fastidieux/fastidieuse*).
- En revanche, les noms masculins en *-eu* ne prennent pas de *-x* au singulier (*un jeu/des jeux ; un feu/des feux*), sauf quand le nom est dérivé d'un adjectif (*curieux* → adj. *un curieux* → nom).

2 **Écris les groupes nominaux suivants au singulier.**

des travaux oraux → un travail oral
des cheveux roux → un cheveu roux
des tableaux muraux → un tableau mural
des vœux affectueux → un vœu affectueux
de nouveaux élèves → un nouvel élève
des châteaux régionaux → un château régional

- Attention aux adjectifs qui se terminent en *-ou* (*rou[x]/rou[ss]e ; fou/fo<u>ll</u>e ; mou/mo<u>ll</u>e*). Ne pas confondre les adjectifs homophone au masculin et au féminin (*un nouv[el] élève/une nouv[elle] élève ; un b[el] été/une b[elle] saison*).

3 **Mets au pluriel les mots entre parenthèses.**

1. Les phares envoient des signaux lumineux.
2. Les femmes, accablées par la chaleur, agitent leurs éventails.
3. Les caves étaient éclairées par des soupiraux.
4. Il eut des propos banals mais amicaux.

● Aide-toi du tableau des exceptions p. 20 si nécessaire.

4 **a. Relève quatre noms singuliers qui se terminent en [o] puis écris-les au pluriel.**

Bestepapa portait des bottines noires et fumait une pipe extraordinaire. Le fourneau était en écume de mer et le tuyau, flexible, mesurait environ quatre-vingt-dix centimètres, si bien qu'il reposait sur ses genoux.
Tout le monde s'asseyait autour de la grande table ovale pour la grande célébration annuelle et le menu ne variait jamais. Ces grands repas commençaient toujours par des carrelets grands comme un plateau à thé et épais comme le bras. La peau au-dessus était presque noire et piquetée de taches. De gros morceaux de chair blanche du poisson étaient servis sur des assiettes bleues.

1. fourneau → fourneaux
2. tuyau → tuyaux
3. plateau → plateaux
4. peau → peaux

b. Écris le groupe nominal *de gros morceaux* au singulier.

de gros morceaux → un gros morceau

5 **Écris les noms suivants au pluriel.**

1. un genou → des genoux
2. un sou → des sous

● Revois la leçon, p. 20.

6 **Réécris au singulier la phrase soulignée. Surligne les mots qui gardent un *-s* final au singulier.**

Ce grand repas commençait toujours par un carrelet grand comme un plateau à thé et épais comme le bras.

● On retrouve le *-s* final dans les mots de la famille de *bras* (*embrasser* = prendre dans ses bras) et d'*épais* (*épaisseur*).

7 **Mets au masculin les adjectifs en gras.**

Féminin	des bottines **noires**	une table **ovale**	une célébration **annuelle**	des assiettes **bleues**
Masculin	des sacs noirs	un miroir ovale	un événement annuel	des plats bleus

● L'adjectif *ovale* s'écrit avec un *-e* au masculin et au féminin.

9 Formation du pluriel et accords — L'adjectif qualificatif

1 **Mets au féminin les adjectifs qualificatifs.**

1. un bel oiseau → une belle colombe
2. le meilleur nageur → la meilleure nageuse
3. un long manteau → une longue veste
4. de vieux tabliers → de vieilles blouses

● L'adjectif *beau* s'écrit *bel* au masculin devant un nom commençant par une voyelle ou un *h* non aspiré (*un bel oiseau*; *un bel homme*). Au féminin, il s'écrit *belle* (*une belle oie*). De même pour l'adjectif *vieux* (*un vieil homme*; *un vieil arbre*; *une vieille abbaye*).

2 **Accorde correctement les adjectifs qualificatifs.**

1. une décision politique → un débat politique
2. des droites parallèles → des côtés parallèles
3. une sentence provisoire → un jugement provisoire
4. une chemise sale → un pantalon sale

● Tous ces adjectifs s'écrivent avec un *-e* final au masculin et au féminin.

3 **Dans chaque phrase, souligne le verbe d'état et encadre le sujet. Puis accorde correctement l'adjectif qualificatif ou le participe passé en fonction d'attribut.**

1. Ces histoires sont vraies et authentiques.
2. Les chansons des Beatles restent très appréciées par les jeunes.
3. Les parents demeurent inquiets pour l'avenir de leurs enfants.
5. Pierre et Marie paraissent ravis de partir vivre à la campagne.

● Quand on a un sujet masculin (*Pierre*) et un autre féminin (*Marie*), l'adjectif ou participe passé s'accorde au masculin pluriel.

4 **a. Souligne les adjectifs qualificatifs en fonction d'épithète. Encadre le nom avec lequel ils s'accordent.**

b. Surligne les adjectifs qualificatifs et participes passés en fonction d'attribut. Entoure les sujets avec lesquels ils s'accordent.

Il était une fois un roi et une reine, qui étaient si fâchés de n'avoir point d'enfants, si fâchés qu'on ne saurait dire. Ils allèrent à toutes les eaux du monde ; vœux, pèlerinages, menues dévotions, tout fut mis en œuvre, et rien n'y faisait. Enfin pourtant la reine devint grosse, et accoucha d'une fille : on fit un beau baptême ; on donna pour marraines à la petite princesse toutes les fées qu'on pût trouver dans le pays (il s'en trouva sept) afin que chacune d'elles, lui faisant un don, comme c'était la coutume des fées en ce temps-là, la princesse eut par ce moyen toutes les perfections imaginables.

● L'adjectif qualificatif en fonction d'épithète peut être placé avant ou après le nom qu'il caractérise.

● L'adjectif qualificatif attribut est toujours placé après un verbe d'état.

5 **Écris au masculin les adjectifs suivants.**

Adjectif féminin	menues	grosse	petite	imaginables
Masculin	menus	gros	petit	imaginables

● Si l'adjectif est au féminin singulier, écris-le au masculin singulier. S'il est au féminin pluriel, écris-le au masculin pluriel.

6 **a. Relève dans la dictée deux mots qui se terminent par le son [sjɔ̃].**

1. dévotions 2. perfections

b. À l'aide de la leçon de l'unité 3 et de l'exercice 1 de la même unité, retrouve des mots dans lesquels le son [sjɔ̃] s'écrit d'une autre manière.

passion – impression

7 **a. Relève un nom féminin qui se termine par le son [e].**

fées

b. Dans chaque série de mots, barre l'intrus.

– ~~une clé~~	un blessé	un délégué	un procédé
– une épée	une année	~~un musée~~	une allée
– une pensée	~~une difficulté~~	une percée	une assiettée

● Le nom féminin *clé* s'écrit sans *-e* final. Il peut aussi s'écrire *clef*.

● Certains noms masculins issus de noms grecs se terminent en *-ée* (*le musée, le scarabée*...).

Les déterminants numéraux

1 **Écris en lettres les nombres suivants.**

20	vingt	80	quatre-vingts
87	quatre-vingt-sept	95	quatre-vingt-quinze
100	cent	400	quatre cents
837	huit cent trente-sept	2 900	deux mille neuf cents
5 000	cinq mille	2 980	deux mille neuf cent quatre-vingts

2 **Dans les phrases suivantes, écris en lettres le nombre entre parenthèses.**

1. Il m'a téléphoné cinq fois hier.
2. Ce théâtre contient cinquante places.
3. J'ai six disques de musique classique.
4. Ma grand-mère vient de fêter ses soixante ans.

● Cinq et cinquante ont le même radical, *cinq-*. Dans *soixante*, on retrouve le *x* de *six*.

3 **a. Écris en lettres les nombres suivants.**
b. Sur chaque ligne, compare l'orthographe des deux nombres : surligne en bleu les graphies communes et souligne en noir les graphies différentes.

5	cinq	15	quinze
13	treize	16	seize
30	trente	40	quarante
6	six	10	dix

● Attention aux dizaines : *quarante*, *cinquante*, *soixante* se terminent en *-ante* ; *trente* est le seul chiffre à se terminer en *-ente*.

4 **Écris en lettres les nombres suivants.**

La fondation de la IIIe République

Le 4 septembre 1870, la République fut proclamée. Mais, humiliés par la défaite, les Parisiens se révoltèrent en 1871 : ce mouvement s'appelle la Commune. Le gouvernement réprima brutalement cette révolte et exécuta 25000 « communards ».
En 1875, à l'initiative du républicain Gambetta, les députés instaurèrent la IIIe République. De 1880 à 1885, Jules Ferry fit voter les lois garantissant les libertés fondamentales. Il rendit l'enseignement laïc, gratuit et obligatoire. En 1905, le gouvernement renforça la laïcité en votant la loi de séparation de l'Église et de l'État.

1870 mille huit cent soixante-dix
1871 mille huit cent soixante et onze
1905 mille neuf cent cinq
1885 mille huit cent quatre-vingt-cinq
2500 deux mille cinq cents

● Les déterminants numéraux cardinaux restent invariables, y compris *mille*.
● Seuls *vingt* et *cent* peuvent s'accorder s'ils ne sont suivis d'aucun chiffre.
● N'oublie pas le trait d'union entre les dizaines et les unités, sauf quand elles sont séparées par *et*.

5 **Rappelle la règle d'accord de *vingt* et *cent*.**

Vingt et *cent* s'accordent quand ils ne sont suivis d'aucun chiffre.

6 **a. Relève dans la dictée deux noms féminins qui se terminent en -*té*.**

1. liberté 2. laïcité

b. Donne la règle des noms féminins en -*té* en complétant le texte suivant.

Les noms féminins qui se terminent en *-té* ou en *-tié* s'écrivent sans *-e* final. Ce sont des noms abstraits qui expriment une qualité ou un état.

c. Complète la phrase suivante à l'aide de noms féminins en -*té*.

La devise républicaine écrite sur les frontons des bâtiments publics est « Liberté, Égalité, Fraternité ».

● Attention aux exceptions : *la dictée, la portée, la pâtée, la jetée, la montée* et les noms qui expriment un contenu (*la pelletée*).

11 Conjugaison et accord des verbes

Les verbes du 1er groupe (présent)

1 **Conjugue les verbes entre parenthèses aux personnes demandées du présent de l'indicatif.**

je nage	nous balançons
nous mélangeons	nous traçons
il rejette	je renouvelle

● La lettre *c* se prononce [s] devant les voyelles *e* et *i*. Pour obtenir le son [s] devant *-ons*, il faut mettre une cédille sous le *c* (*nous lançons*).

● La lettre *g* se prononce [ʒ] devant les voyelles *e* et *i*. Pour obtenir le son [ʒ] devant *-ons*, il faut ajouter un *e* derrière le *g* (*nous mélangeons*).

● Redouble la consonne *l* quand tu entends le son [ɛ] (*je renouvelle*) ; pour certains verbes, on met un accent sur le *e* (*je rachète*).

2 **Complète les pointillés par *i* ou *y*.**

j'essaie	nous essuyons	vous balayez
tu nettoies	il s'ennuie	nous payons

● Seuls les verbes en *-ayer* peuvent se conjuguer avec un *y* aux 3 pers. du singulier et à la 3e pers. du pluriel. On peut écrire *j'essaie* ou *j'essaye*, mais *j'essuie* et *je nettoie*.

3 **Conjugue les verbes entre parenthèses au présent de l'indicatif, à la 1re personne du singulier puis du pluriel.**

J'achète / nous achetons des courgettes. Je les nettoie / nous les nettoyons et je les pèle / nous les pelons. Je les coupe / nous les coupons. Je les place / nous les plaçons sur la pâte. Je mélange / nous mélangeons œufs et lait et je les verse / nous les versons sur les courgettes. Je mange / nous mangeons la tarte aux courgettes chaude.

● Attention ! Pour transcrire le son [ɛ] aux trois personnes du singulier et à la 3e personne du pluriel du présent de l'indicatif des verbes *acheter* et *peler*, on met un accent grave sur le *e*. Pour certains verbes, les plus courants, on redouble le *t* ou le *l* (*je jette ; j'appelle*).

4 **Surligne les verbes du 1er groupe conjugués au présent de l'indicatif.**

C'est ainsi, du moins, que j'imagine aujourd'hui notre arrivée. Car aussitôt que je veux retrouver le lointain souvenir de cette première soirée d'attente dans notre cour de Sainte-Agathe, déjà ce sont d'autres attentes que je me rappelle ; déjà, les deux mains appuyées aux barreaux du portail, je me vois épiant avec anxiété quelqu'un qui va descendre la grand'rue. Et si j'essaie d'imaginer la première nuit que je dus passer dans ma mansarde, au milieu des greniers du premier étage, déjà ce sont d'autres nuits que je me rappelle.

5 **a. Recopie ces verbes et indique entre parenthèses leur infinitif.**

b. Parmi ces verbes, encadres-en deux dont le radical au présent n'est pas le même que celui de l'infinitif.

1. j'imagine → imaginer
2. je me rappelle → rappeler
3. j'essaie → essayer

● Les modifications de radical s'expliquent phonétiquement :
– devant deux consonnes, *e* se prononce [ɛ] (*je me rappelle*) mais elle se prononce [ə] devant une consonne simple (*rappeler*) ;
– dans *essayer*, *y* transcrit le son [j]. Il est remplacé par un *i* quand on n'entend plus le son [j] (*j'essaie*).

6 **Écris dans le tableau le nom dérivé des verbes suivants.**

essayer	un essai	oublier	un oubli
envoyer	un envoi	ennuyer	un ennui
crier	un cri	envier	une envie

● Ne confonds pas le verbe conjugué au présent de l'indicatif (*j'essaie, tu essaies, il essaie*) et le nom masculin *un essai*. Distingue *je crie / un cri ; j'oublie / un oubli ; j'envoie / un envoi*. Le verbe *j'envie* se termine par un *-e* comme le nom féminin *une envie*.

7 **Complète les mots des phrases suivantes par le son [j].**

1. Les deux mains appuyées aux barreaux du portail, je me vois épiant avec anxiété quelqu'un qui va descendre la grand'rue.
2. J'ai une drôle d'impression. Tout cela ne me dit rien qui vaille. Essayons de réagir froidement, sans passion. Tout ceci n'est peut-être qu'une construction de notre esprit.

12 Conjugaison et accord des verbes

Les verbes du 3e groupe (présent)

1 **Classe les verbes suivants dans le tableau ci-dessous en fonction de leurs terminaisons au présent de l'indicatif :** ***atteindre, attendre, boire, dire, dissoudre, faire, mordre, répondre, vendre, valoir, voir, vouloir.***

Terminaisons aux trois première personnes du singulier du présent		
-s,-s,-t	*-ds,-ds,-d*	*-x,-x,-t*
atteindre boire dire dissoudre faire voir	attendre mordre répondre vendre	valoir vouloir

● Les verbes dont l'infinitif est en *-dre* conservent le *d* aux trois premières personnes du singulier du présent de l'indicatif (*je prends, tu prends, il prend*). Attention cependant aux verbes en *-indre* et en *-soudre*, qui perdent le *d* et se conjuguent sur le modèle de *partir* (*je peins, tu peins, il peint*).

● Ne confonds pas les verbes en *-oudre* (*je mouds, tu mouds, il moud*) et les verbes en *-soudre*, qui perdent le *d* (*je résous, tu résous, il résout*).

2 **Conjugue au présent les verbes entre parenthèses.**

Le médecin prend ensuite ma mère à part et je les entends chuchoter. Je vois que ma mère avait l'air plutôt sombre mais elle acquiesce. Le docteur met de l'eau à bouillir, et il y place un instrument en acier. Le docteur se penche sur moi avec ce long instrument. Il le tient juste devant mon visage et encore aujourd'hui je peux le décrire.

● À la 3e personne du singulier du présent de l'indicatif (*elle acquiesce, il place*), les verbes en *-cer* perdent la cédille qui se trouvait à la 3e personne du singulier du passé simple devant la voyelle *a* (*elle acquiesça, il plaça*).

3 **a. Ce récit est rédigé au présent. Surligne les verbes du 3e groupe qui se conjuguent sur le modèle de *dissoudre* et entoure le verbe du 3e groupe qui se conjugue sur le modèle de *prendre*.**

Dans l'atelier des viscères, on enlève d'abord le cerveau avec un crochet de cuivre. Puis on dissout le reste de l'encéphale avec des drogues dissolvantes. On s'occupe enfin du corps : on ouvre le flanc du défunt pour retirer les poumons, le cœur et l'estomac.

Tétiki nettoie ensuite le corps avec du vin de palmier. Ce travail terminé, on entreprend la déshydratation du cadavre : une odeur nauséabonde se dégage de l'atelier. Tétiki s'efforce de ne pas tomber malade. La nuit, il fait des cauchemars.

Dans l'atelier de décoration, on entoure le corps, les doigts et les pieds de bandelettes qu'on peint .

b. Complète la règle de conjugaison des verbes *dissout* et *peint*.

Aux trois personnes du singulier du présent de l'indicatif, les verbes en *-indre* et *-soudre* ont les terminaisons suivantes : *-s*, *-s*, *-t*.

4 **Écris l'infinitif des verbes *enlève* et *nettoie*.**

1. enlève → enlever
2. nettoie → nettoyer

● On observe une modification du radical de ces deux verbes pour des raisons phonétiques : dans *enlever*, on entend [ə], il faut donc supprimer l'accent grave sur le *e* ; dans *nettoyer*, on entend [j], il faut donc remplacer le *i* par un *y*.

5 **a. Écris au singulier ou au pluriel les mots suivants de la dictée.**

1. corps → pluriel : corps
2. doigts → singulier : doigt
3. flanc → pluriel : flancs
4. pieds → singulier : pied
5. estomac → pluriel : estomacs

b. Complète les phrases suivantes avec des mots de la famille de ceux qui sont soulignés dans la dictée.

1. Il est important de faire de l'exercice corporel pour se sentir bien dans sa peau.
2. J'ai été estomaqué par cette nouvelle.
3. Il faut beaucoup de doigté pour réussir ce tour de magie.
4. Nous avons fait une longue randonnée pédestre dans la montagne.

● Les familles de mots permettent d'entendre la consonne finale muette. Ainsi, le nom *doigté* permet d'entendre le *-t* final du mot *doigt*, tandis que le mot *digital* permet d'entendre la lettre *g* qui précède le *-t* final. Un code *digital* ou une empreinte *digitale* se font avec le *doigt*.

Les terminaisons homophones

1 **Complète la terminaison de chaque verbe après avoir indiqué son infinitif et son groupe dans les parenthèses.**

1. Il unit les jeunes gens. → Infinitif : unir, 2e groupe
2. Nous pâlissons d'inquiétude. → Infinitif : pâlir, 2e groupe
3. Tu frémis d'impatience. → Infinitif : frémir, 2e groupe
4. Tu photographies la mer. → Infinitif : photographier, 1er groupe
5. Le pirate enfouit le trésor. → Infinitif : enfouir, 2e groupe
6. Je lis beaucoup. → Infinitif : lire, 3e groupe
7. Je remercie tous ceux qui m'ont aidé. → Infinitif : remercier, 1er groupe
8. Solenn trie tous ses papiers. → Infinitif : trier, 1er groupe
9. Je ris toujours à cette blague. → Infinitif : rire, 3e groupe

- Ne confonds pas les terminaisons homophones des verbes du 2e groupe aux trois premières personnes du singulier du présent de l'indicatif (*j'unis, tu unis, il unit*) et au participe passé (*il a uni, un couple uni*). Le p.p. des verbes du 2e groupe se termine toujours en *i*, sans consonne.

2 **Complète la terminaison des verbes en caractères gras.**

Pierre **multiplie** 85 par 200. Il **réfléchit** et effectue son opération. Il **n'oublie** pas les retenues. Il **vérifie** ses calculs et, à sa grande surprise, le résultat est faux. Il ne **réussit** pas à comprendre son erreur tout seul. Il lève le doigt et appelle son institutrice qui lui **dit** : « Tu ne t'es pas appliqué ! **Relis** ce que tu as écrit. » Alors Pierre **s'aperçoit** qu'il n'a pas bien posé son opération. Il **recopie** correctement tous les chiffres et **finit** par trouver la bonne solution.

- Pense à t'interroger sur le groupe du verbe.

3 **Surligne les verbes du 1er groupe et encadre ceux du 2e groupe.**

Caméra au poing, je [subis] une nouvelle fois la charge du monstre qui [surgit] des profondeurs bleutées. La tête menaçante [grossit] rapidement, [emplit] tout l'objectif, devient immense. Sans [réfléchir], je [brandis] la caméra comme un bouclier, j' ==appuie== sur le levier de déclenchement et je me ==trouve== en train de ==filmer== la bête qui ==fonce== sur moi. J'attends le choc. Rien ! Cette fois encore, dans un bouillonnement d'écume, l'animal [bondit], m' ==évite== et disparaît.

4 **Complète le tableau en conjuguant les verbes aux 1re et 3e personnes du singulier et du pluriel du présent de l'indicatif.**

	1re pers. sing.	3e pers. sing.	1re pers. plur.	3e pers. plur.
subir	je subis	il subit	nous subissons	ils subissent
grossir	je grossis	il grossit	nous grossissons	ils grossissent
emplir	j'emplis	il emplit	nous emplissons	ils emplissent
appuyer	j'appuie	il appuie	nous appuyons	ils appuient
bondir	je bondis	il bondit	nous bondissons	ils bondissent

- N'oublie pas de remplacer le *y* qui transcrit le son [j] (*appuyer*) par un *i* (*j'appuie*).

5 **Relève dans la dictée :**

a. deux noms masculins qui se terminent en [e] : 1. bouclier 2. levier

b. un verbe du 1er groupe à l'infinitif : filmer

- Le nom est généralement précédé d'un déterminant (*un bouclier ; un levier*) tandis que le verbe se conjugue (*filmer : je filme, tu filmes, il filme...*).

6 **Réécris la phrase suivante en remplaçant le nom *profondeurs* par le nom *fond*.**

Le monstre surgit des profondeurs bleutées.
Le monstre surgit du fond bleuté.

● *Bleuté* est un adjectif qualificatif : il s'accorde en genre et en nombre avec le nom qu'il caractérise (dans *des profondeurs bleutées*, l'adjectif s'accorde avec le nom féminin pluriel *profondeurs*). Il ne faut pas confondre cet adjectif avec les noms féminins qui se terminent en *-té* et qui ne prennent pas de *-e* final (*la beauté, les beautés*).

14 Conjugaison et accord des verbes — Le présent de l'impératif

1 **Conjugue les verbes suivants à la 2e personne du singulier du présent de l'impératif.**

chanter → chante
peindre → peins
prendre → prends
avertir → avertis

aller → va
secourir → secours
essuyer → essuie
appeler → appelle

● Les verbes qui se terminent par un *-e* au présent de l'impératif perdent le *-s* final habituel à la 2e personne du singulier. Ce sont généralement des verbes du 1er groupe (*chante*) et certains verbes du 3e groupe (*ouvre, sache*).

● Le verbe *aller* n'a pas de *-s* final à la 2e personne du singulier du présent de l'impératif (*va*).

2 **Conjugue les verbes suivants à la 1re personne du pluriel de l'impératif.**

1. ranger : rangeons
2. menacer : menaçons

● Les modifications du radical liées à la transcription des sons sont les mêmes qu'au présent de l'indicatif. Dans *menaçons*, pour obtenir le son [s] devant *-ons*, on met une cédille sous la lettre *c*. Dans *rangeons*, pour obtenir le son [ʒ] devant *-ons*, on ajoute un *e* après le *g*.

3 **Conjugue les verbes soulignés à l'impératif présent, à la 2e personne du singulier puis du pluriel.**

Prends / prenez la quantité de grenouilles qu'il faut, lave-les / lavez-les bien, ôte / ôtez les os des cuisses. Passe-les / passez-les ensuite dans une pâte à friture et fais-les / faites-les frire dans du beurre fondu bien chaud. Sers-t'en / servez-vous-en pour faire un cordon autour du potage. Pour finir, verses-y / versez-y quelques gouttes de citron.

● Attention ! Dans *sers-t'en*, le trai[t] d'union marque l'inversion du pronom *te* (*sers-*[*toi*]*/sers-*[*t*]*'en*), tandis que l'apostrophe not[e] l'élision du *-e* de *te* suivi d'un mot commençant par une voyelle (*je* [*te*] *sers* → *sers-*[*t'e*]*n ; je* [*te*] *hais/je* [*t'a*]*ime*).

4 **a. Surligne les verbes conjugués au présent de l'impératif.**

Il pointa le doigt vers Rufus.
« Pourquoi as-tu quitté ta place ? Et qu'allais-tu faire derrière moi pendant le cours ? Réponds, je te l'ordonne ! »
Xantippe se retourna pour jeter un regard sur le mur. Soudain, il aperçut l'inscription : Caïus est un âne. Alors il explosa littéralement.
« Ah ! cria-t-il. Regardez-moi ça ! Eh bien, attends un peu, mon petit ! Au lieu de travailler, tu as commis une faute grave ! Tu as troublé l'ordre et la discipline de la classe ! Prends immédiatement tes affaires et file ! Ta place n'est plus ici ! Tu ne mérites pas que tes parents dépensent tant d'argent pour toi. Allez ! Dehors ! »

b. – Relève un verbe du 1er groupe à la 2e personne du singulier du présent de l'impératif.

file

– Complète la règle de conjugaison suivante.

À la 2e personne du singulier de l'impératif, les verbes du 1er groupe se terminent toujours par la lettre *e*.

Certains verbes du 3e groupe qui se conjuguent comme ceux du 1er groupe (*ouvrir* → *j'ouvre* ; *découvrir* → *je découvre*) perdent aussi le *-s* final à la 2e personne du singulier du présent de l'impératif.

5 **Complète les phrases suivantes en conjuguant le verbe *rentrer* au présent de l'indicatif ou de l'impératif selon le cas.**

1. Rentre tout de suite à la maison.
2. Après les cours, tu rentres directement chez toi.

6 **Relève tous les mots dans lesquels tu entends le son [s] et classe-les en fonction de la graphie qui sert à transcrire ce son.**

s : Rufus, se, sur, soudain, inscription, Caïus, dépensent

ss : classe

sc : discipline

c : place, ici

t : inscription

ç : aperçut, ça

Reporte-toi si nécessaire à l'unité 3, p. 10.

15 Conjugaison et accord des verbes — Le passé composé

1 **Conjugue les verbes suivants à la personne demandée du passé composé.**

lire	j'ai lu	rire	j'ai ri
voir	il a vu	apprendre	il a appris
avoir	tu as eu	conduire	tu as conduit
appuyer	il a appuyé	écrire	il a écrit

Les p.p. qui se terminent en *-u* ne sont suivis d'aucune consonne finale (sauf *inclus* et *reclus*).
En revanche, les p.p. des verbes du 3e groupe qui se terminent par la voyelle *-i* peuvent avoir une consonne finale (un *-s* ou un *-t*) qu'on trouve en mettant le p.p. au féminin (*appris* → *apprise* ; *conduit* → *conduite* ; *écrit* → *écrite*).

2 **Dans le texte suivant, écris les verbes au passé composé.**

La deuxième nuit, il est monté de nouveau dans le vieux château, s'est assis au coin du feu et a recommencé sa vieille chanson : « Ah ! si seulement je pouvais connaître la peur ! » Vers minuit un bruit s'est fait entendre et une moitié d'homme a dégringolé par la cheminée et est tombée devant eux. Puis le vacarme a repris de plus belle, on a entendu tempêter et hurler.

● Note la consonne finale *-s* des p.p. des verbes du 3e groupe *assis* et *repris*. Le p.p. *tombée* est précédé de *être* : il s'accorde donc en genre et en nombre avec son sujet. Les verbes de mouvement (*monter*, *tomber*) et le verbe pronominal *se faire* se conjuguent avec l'auxiliaire *être* au passé composé.

3 **a. Surligne les verbes de la dictée conjugués au passé composé.**

Kalisthène a peint un Ulysse barbu. Sous son pinceau il est devenu un voyageur blessé, à qui, agenouillée, la vieille esclave lave les pieds.
– La vieille servante, c'est sa nourrice ? La seule personne qui l' a reconnu grâce à sa cicatrice.
– Tu as raison.
Mélanthos a fait tourner un peu le vase pour voir la seconde scène où l'on reconnaît Télémaque bébé dans les bras de sa mère Pénélope. Depuis des années, elle ruse jour après jour pour ne pas épouser les prétendants. Mais comme elle leur a promis de se décider quand elle aurait fini son ouvrage, elle défait la nuit ce qu'elle a tissé le jour.

b. Recopie les participes passés des verbes du 3e groupe et entoure leur terminaison.

pein(t) – deven(u) – reconn(u) – fai(t) – promi(s)

● Les participes qui se terminent en *-u* n'ont pas de consonne finale.

● Pour entendre la consonne finale des autres participes passés, on les met au féminin (*peint → peinte ; fait → faite ; promis → promis*).

4 **a. Souligne deux participes passés employés sans auxiliaire.**

b. Recopie-les dans le tableau ci-dessous et indique le nom avec lequel chacun d'eux s'accorde.

Participe passé	*blessé*	agenouillée
Nom avec lequel il s'accorde	un voyageur	la vieille esclave

● Les participes passés employés sans auxiliaire s'accordent, comme les adjectifs qualificatifs, en genre et en nombre avec le nom qu'ils caractérisent, qu'ils soient épithètes (*blessé*) ou apposés (*agenouillée*).

5 **a. Ces participes passés sans auxiliaire sont-ils employés comme :**

☐ verbes ☑ adjectifs qualificatifs ?

b. Quelle est la fonction de *blessé* ? Coche la bonne réponse.

☑ épithète ☐ apposé

16 Conjugaison et accord des verbes — Son [e] / verbes du 1er groupe

1 **Complète la terminaison des verbes du 1er groupe par *-é* ou *-er*.**

1. Il a acheté une machine à laver.
2. Il a cassé son fer à repasser.
3. C'est à Auvers-sur-Oise que Van Gogh a terminé sa vie.
4. A-t-il terminé le travail qu'il a recopié ?

● Quand le verbe est conjugué au passé composé, l'auxiliaire *avoir* est suivi d'un verbe au participe passé (*il a acheté ; il a cassé*...).

2 **a. Complète les phrases suivantes par *-é*, *-er* ou *-ez*.**

b. Souligne en noir le pronom personnel *vous* quand il est sujet ; entoure-le en bleu quand il est complément.

1. Vous avez oublié de vous réveiller.
2. Il vous a appelé hier pour vous demander conseil.
3. Avez-vous pensé à renouveler votre passeport ?
4. Vous a-t-il invité à passer quelques jours dans sa maison de campagne ?

● Dans ces phrases, le verbe à l'infinitif est précédé d'une préposition (***de** vous réveiller*; ***pour** vous demander*; ***à** renouveler, **à** passer*).

● Dans les phrases interrogatives 3 et 4, attention à l'inversion du sujet (*avez-**vous** ; vous a-t-**il** invité*) ! Tu peux retrouver l'ordre des mots en transformant la phrase interrogative en phrase déclarative (***vous** avez ; **il** vous a invité*).

3 **a. Souligne les verbes qui se terminent en *-er*. Cinq d'entre eux sont précédés d'une préposition que tu entoureras.**

b. Surligne les verbes qui se terminent en *-é*. Encadre l'auxiliaire *être* ou *avoir* qui les précède.

– Vous parlez ! Je vous ai vu parler ! N'essayez pas de nier ! Je vous ai nettement vu parler derrière votre main !

Je me pétrifiai de terreur. Tous les autres garçons s'étaient arrêtés de travailler et avaient levé la tête.

– Niez-vous que vous étiez en train de parler ? hurla le capitaine.

– Non, monsieur, m-mais…

– Et niez-vous que vous avez essayé de tricher ? Niez-vous que vous demandiez à Dobson de vous aider pour votre rédaction ?

– N-non, monsieur. Pas du tout. Je ne trichais pas.

– Bien sûr que si ! Sinon, si je peux me permettre la question, pourquoi auriez-vous parlé à Dobson ? Vous ne lui demandiez pas, je suppose, des nouvelles de sa santé !

● Attention, l'auxiliaire n'est pas toujours au présent : il peut être à l'imparfait (*s'**étaient** arrêtés* ; ***avaient** levé*) ou au conditionnel (***auriez**-vous parlé ?*).

4 **Classe les verbes de la dictée qui se terminent en *-ez* dans la tableau.**

Verbes à la 2e personne du pluriel du présent de l'indicatif	Verbe à la 2e personne du pluriel du présent de l'impératif
parlez niez avez	essayez

● À la 2e personne du pluriel du présent de l'impératif, le verbe se termine en *-ez* mais le pronom *vous* n'est pas exprimé.

5 **« N'essayez pas de nier ! Je vous ai nettement vu parler derrière votre main ! » : donne la règle d'orthographe qui explique pourquoi la lettre *e* en bleu ne prend pas d'accent.**

Quand *e* est suivi de deux consonnes identiques ou différentes, il ne prend pas d'accent.

● Reporte-toi si nécessaire à la leçon de l'unité 2, p. 8.

17 Conjugaison et accord des verbes

L'accord du verbe avec le sujet

1 **Dans les phrases suivantes, encadre le sujet puis accorde le verbe entre parenthèses que tu conjugueras au présent de l'indicatif.**

1. [Je] te demande conseil et [tu] me le donnes gentiment.
2. [J'] aime les films policiers. [Je] les regarde avec mon frère.
3. [Leurs parents] vivent en province. [Ils] les appellent régulièrement.

● Derrière le pronom *tu*, le verbe se termine toujours par un *-s* ; derrière le pronom *ils* ou *elles*, le verbe se termine toujours en *-nt*, quel que soit le temps.

2 **Encadre le pronom relatif *qui* en fonction de sujet et souligne son antécédent. Puis accorde chaque verbe avec le sujet *qui*, et conjugue-le au présent de l'indicatif.**

1. C'est toi [qui] es la plus douée en peinture.
2. C'est toi [qui] appelles les enfants [qui] jouent dans le jardin.
3. Pierre fait des dîners [qui] enchantent tous ses amis.

● *Toi* est un pronom de 2e personne. Il remplace *tu* quand il est encadré dans la forme emphatique *c'est… qui* : ***Tu** es le plus doué en peinture* → *c'est **toi** qui es le plus doué en peinture*. Derrière le pronom *tu*, le verbe *être* s'écrit *es* au présent de l'indicatif.

3 **Dans les phrases suivantes, souligne le sujet et accorde correctement le verbe que tu conjugueras au présent de l'indicatif.**

1. Paris est la capitale de la France.
2. Qui es-tu ?
3. Je cherche un pays où règnent la joie et le bonheur.

● Ne confonds pas les formes homonymes du verbe *être* : *est* et *es*. On écrit *es* quand le sujet est *tu*, tandis que *est* se rencontre avec les pronoms personnels sujets de 3e personne *il, elle, on* ou un groupe nominal singulier que l'on peut remplacer par un de ces pronoms.

● Attention au sujet inversé : pose la question *Qu'est-ce qui ?* pour trouver le(s) sujet(s).

4 **Souligne les verbes conjugués et surligne leur sujet.**

On y trouvait des allées ombragées, des pelouses qui vous invitaient à vous rouler dans l'herbe, et des étangs où naviguaient des flottilles de canards. On y trouvait aussi, à cette époque, des gens qui apprenaient à gouverner des bicyclettes : les mâchoires serrées, ils échappaient soudain au professeur, disparaissaient dans un fourré, et reparaissaient, leur machine autour du cou. Ce spectacle ne manquait pas d'intérêt, et j' en riais aux larmes. Ma principale occupation était de lancer du pain aux canards. Dès que je montrais un croûton, leur flottille venait vers moi et je commençais ma distribution.

5 **Classe ces sujets dans le tableau ci-dessous selon leur nature.**

Pronom personnel	Pronom relatif	Groupe nominal
on ils j' je	qui	des flottilles de canards ce spectacle ma principale occupation leur flottille

● Un même pronom surligné plusieurs fois n'a été recopié qu'une seule fois dans le tableau.

6 **a. Où se place habituellement le sujet ?**

Le sujet se place habituellement avant/devant le verbe.

b. Relève un groupe nominal en fonction de sujet qui est placé après le verbe.

des flottilles de canards

● Le sujet est souvent inversé dans les propositions subordonnées relatives. Mais cette inversion n'est pas obligatoire : *des étangs où naviguaient des flottilles de canards → des étangs où des flottilles de canards naviguaient.*

7 **Dans les phrases ci-dessous, remplace les groupes nominaux surlignés par un pronom personnel de 3e personne (*il, elle, ils* ou *elles*).**

Ma principale occupation elle était de lancer du pain aux canards. Ces stupides animaux ils me connaissaient bien. Dès que je montrais un croûton, leur flottille elle venait vers moi et je commençais ma distribution.

8 **Pourquoi les verbes *rouler*, *gouverner* et *lancer* sont-ils à l'infinitif ?**

Ces verbes sont à l'infinitif parce qu'ils sont précédés d'une préposition.

● *Des pelouses qui vous invitaient **à vous rouler** dans l'herbe* : *vous* n'est pas le sujet. C'est un COD. La préposition *à* est suivie d'un verbe à l'infinitif.

18 Conjugaison et accord des verbes

Le participe passé seul ou avec *être*

1 **a. Souligne les verbes d'état dans les phrases ci-dessous.**

Paul a l'air enrhumé. Il semble atteint d'un virus grippal. Il demeure allongé toute la journée et paraît amaigri. Dans quelques jours il sera rétabli.

b. Réécris les phrases précédentes en remplaçant les sujets *Paul* et *il* par *Marie et Claire* et *elles*. Accorde comme il convient les participes passés employés comme adjectifs en fonction d'attributs.

Marie et Claire ont l'air enrhum**ées**. Elles semblent attein**tes** d'un virus grippal. Elles demeurent allong**ées** tout la journée et paraissent amaigri**es**. Dans quelques jours elles seront rétabli**es**.

● Le sujet masculin singulier *Paul* a été remplacé dans la réécriture par deux sujets féminins, *Marie et Claire*. Les participes passés s'accordent en genre (féminin) et en nombre (pluriel) avec ces sujets : ils ont donc tous la même terminaison en *-es*.

2 **Conjugue les verbes en italique au passé composé et accorde les participes passés.**

1. Éloi *va* à la piscine.
Éloi **est allé** à la piscine.
2. Maïwen et Antoine *partent* en vacances en Guadeloupe.
Maïwen et Antoine **sont partis** en vacances en Guadeloupe.
3. Les alpinistes *vont* faire une grande randonnée.
Les alpinistes **sont allés** faire une grande randonnée.
4. Les pommes *tombent* de l'arbre.
Les pommes **sont tombées** de l'arbre.

● Tous ces verbes, qui sont des verbes de mouvement, se conjuguent au passé composé avec l'auxiliaire *être*. Leur participe passé s'accorde donc en genre et en nombre avec le sujet.

3 **a. Surligne les participes passés employés avec *être*.**

b. Recopie-les dans la dernière colonne du tableau ci-dessous.

c. Complète les autres colonnes du tableau.

Le principal fut alerté à l'étage en dessous. La surveillante, les naseaux fumants de colère, l'avait appelé, et nous étions maintenant entassés dans le long couloir, frigorifiés, en pyjama et pieds nus, pendant qu'on ordonnait aux coupables de sortir des rangs.
Personne ne bougea.
Je voyais bien que le principal était de plus en plus irrité. Sa soirée avait été interrompue. Des plaques rouges apparaissaient sur son visage et il postillonnait en parlant.
– Chacun d'entre vous va aller chercher immédiatement la clef de sa boîte à nanan ! Remettez les clefs à la surveillante. Et les colis de vos familles seront confisqués !

Sujet (genre et nombre)	Forme conjuguée du verbe *être*	Temps du verbe *être*	Participe passé (genre et nombre)
le principal (masc. sing.)	*fut*	*(passé simple)*	*alerté (masc. sing.)*
nous (masc. plur.)	étions	(imparfait)	entassés (masc. plur.)
le principal (masc. sing.)	était	(imparfait)	irrité (masc. sing.)
sa soirée (fém. sing.)	avait été	(plus-que-parfait)	interrompue (fém. sing.)
les colis (masc. plur.)	seront	(futur)	confisqués (masc. plur.)

● Observe que, quel que soit le temps de l'auxiliaire *être*, le participe passé s'accorde en genre et en nombre avec le sujet.

4 **Écris le groupe nominal suivant au singulier.**

les colis de vos familles → le colis de votre/ta famille

● Le nom *colis* se termine par un *-s* au singulier, comme le nom *souris*.

5 **Complète le tableau à l'aide de mots de la dictée qui présentent un redoublement de consonne.**

-nn-	*-rr-*	*-pp-*	*-mm-*	*-tt-*
ordonnait personne	irrité interrompue	apparaissaient appelé	immédiatement	remettez

● *Remettez* est un dérivé du verbe *mettre*.

● Les mots commençant par *app-* prennent généralement deux *p*.

● À l'intérieur d'un mot, la consonne *n* est généralement redoublée après la voyelle *o* : *-onn* (*per**sonne**, ord**onn**ait*).

19 Conjugaison et accord des verbes

Le participe passé employé avec *avoir*

1 **Dans les phrases suivantes, remplace le groupe nominal COD souligné par un pronom personnel (*la* ou *les*) puis accorde le participe passé comme il convient.**

1. Les supporters ont applaudi <u>les vainqueurs</u>. → Les supporters les ont applaudis.
2. Sa mère lui a raconté <u>une histoire</u>. → Sa mère la lui a racontée.

● Ne confonds pas les déterminants articles définis *le, la, l', les*, placés devant un nom ou un groupe nominal (***le** chien, **la** valise, **les** enfants*), avec les pronoms personnels en fonction de COD *le, la, l', les* placés devant un verbe d'action (*Je vois les enfants.* → *Je **les** vois.*).

2 **Dans chaque phrase, remplace le groupe nominal COD encadré par le pronom relatif *que*, puis accorde le participe passé comme il convient.**

1. J'ai lu [deux livres passionnants] la semaine dernière.
   Les deux livres **que** j'ai lu**s** la semaine dernière sont passionnants.
2. M. Martin a rencontré [une ancienne élève] qui est devenue vétérinaire.
   L'ancienne élève **que** M. Martin a rencontr**ée** est devenue vétérinaire.

● Pour accorder le p.p. avec le COD *que*, il faut repérer le genre et le nombre de l'antécédent du pronom relatif *que* : *les deux livres* est l'antécédent masc. plur. du pronom *que* (1re phrase).

3 **Réécris les phrases suivantes en conjuguant les verbes entre parenthèses au passé composé. N'oublie pas d'accorder les participes passés.**

1. Nos voisins nous (*aider*), nous les (*remercier*).
   Nos voisins nous **ont aidés**, nous les **avons remerciés**.
2. Ce sont des histoires qu'il (*recueillir*) au cours de ses voyages.
   Ce sont des histoires qu'il **a recueillies** au cours de ses voyages.

● *Nos voisins **nous** ont aidés, **nous** les avons remerciés* : le 1er *nous* est un pronom personnel en fonction de COD (*Nos voisins ont aidé qui ? Nous*) et le 2e *nous* est un pronom personnel en fonction de sujet ; il est suivi de *avoir* à la 1re personne du pluriel (*avons*).

4 **a. Surligne dans la dictée deux participes passés employés avec l'auxiliaire *être*.**

La Stilla, que Franz de Télek ne croyait jamais revoir, venait de lui apparaître sur le terre-plein du bastion ! Il n'avait pas <u>été</u> le jouet d'une illusion et Rotzko (l') avait <u>vue</u> comme lui !
C'était bien la grande artiste [vêtue] de son costume d'Angélica. L'effroyable vérité éclata aux yeux du jeune comte. Ainsi, cette femme [adorée] était enfermée depuis cinq ans au milieu des montagnes transylvaines ! Ainsi, celle (que) Franz avait <u>vue</u> tomber [morte] sur scène avait <u>survécu</u> ! La Stilla avait donc <u>été</u> enlevée par le baron de Gortz. Elle était vivante ; il y avait là une certitude absolue.

b. Recopie-les et indique les mots avec lesquels il s'accordent.

1. enfermée (cette femme adorée) 2. enlevée (la Stilla)

● *La Stilla avait donc été enlevée par le baron de Gortz*. Attention ! Ici, le participe passé *enlevée* est bien employé avec l'auxiliaire *être* qui est à une forme composée (*avait été*). On reconnaît d'ailleurs dans cette forme verbale le participe passé *été* du verbe *être*.

5 **a. Souligne les participes passés employés avec l'auxiliaire *avoir*.**
b. Entoure le pronom en fonction de COD avec lequel s'accorde chacun de ces participes passés.

Voir la dictée ci-dessus

● Il s'agit des pronoms personnels (*le, la, l', les*) placés devant un verbe d'action et du pronom relatif *que*. Ce sont les deux pronoms utilisés le plus fréquemment dans l'accord du p.p. employé avec *avoir*.

6 **a. Relève un participe passé employé avec l'auxiliaire *avoir* qui ne s'accorde pas.**
survécu
b. Justifie l'absence d'accord en cochant la bonne réponse.
☑ pas de COD ☐ COD placé avant le verbe ☐ COD placé après le verbe

● Le verbe *survivre* est un verbe transitif indirect : il n'est donc jamais suivi d'un COD. Il est employé soit seul (*Il a survécu*) soit suivi d'un COI (*Il a survécu **à tous les siens***).

7 **a. Encadre les trois participes passés employés sans auxiliaire.**
b. Recopie-les en précisant entre parenthèses le groupe nominal avec lequel chacun s'accorde.

1. vêtue (la grande artiste) 2. adorée (cette femme) 3. morte (celle)

● Le participe passé employé sans auxiliaire s'accorde, comme un adjectif qualificatif, en genre et en nombre avec le nom ou groupe nominal qu'il caractérise.

L'imparfait

1 Conjugue les verbes suivants au présent puis à l'imparfait de l'indicatif.

	Présent de l'indicatif	Imparfait de l'indicatif
travailler	vous travaillez	vous travailliez
nettoyer	nous nettoyons	nous nettoyions
déplier	nous déplions	nous dépliions
peindre	nous peignons	nous peignions
voir	nous voyons	nous voyions

● Dans ces formes de verbes homophones, il ne faut pas oublier le *i* de la terminaison de l'imparfait aux 2e et 3e personnes du pluriel (*-ions*; *-iez*). Attention ! Ce *i* ne s'entend pas mais il doit s'écrire !

2 Conjugue ces verbes du 1er groupe dont l'infinitif est en *-ger* ou en *-cer* à la 1re personne du pluriel de l'indicatif imparfait.

1. Nous percions des trous dans le mur pour accrocher le tableau.
2. Nous mélangions des ingrédients pour faire une quiche.
3. Nous placions les pions sur le damier.
4. Nous lancions la balle dans le jardin de la voisine pour la faire enrager.
5. Nous partagions notre déjeuner avec nos cousins.

● *C* se prononce [s] devant *e*, *i* et *y*. Aux trois personnes du singulier et à la 3e du pluriel, on met une cédille sous le *c* pour obtenir le son [s] : *il lançait*.

● *G* se prononce [ʒ] devant *e*, *i* et *y*. Aux trois personnes du singulier et à la 3e du pluriel, on ajoute un *e* après le *g* pour obtenir le son [ʒ] : *tu mélangeais*.

3 a. Surligne les verbes de la dictée conjugués à l'imparfait.
b. Encadre leur sujet.

[J'] avais neuf ans lorsque ma demi-sœur se fiança. [L'élu de son cœur] était un docteur anglais et cet été-là, il nous accompagna en Norvège. [Les amoureux] ne semblaient pas particulièrement désireux de nous voir les suivre partout. En tant que famille [nous] avions toujours tout fait ensemble, et [nous] ne voyions pas pourquoi la grande sœur avait décidé de faire différemment sous prétexte qu'[elle] était fiancée.
[Le fiancé] était un grand fumeur. [Il] gardait entre les dents cette pipe nauséabonde, sauf lorsqu'[il] mangeait ou nageait. [Nous] commencions même à nous demander s'[il] l'écartait de sa bouche lorsqu'[il] embrassait sa bien-aimée.

4 Conjugue les verbes suivants à toutes les personnes de l'imparfait de l'indicatif.

Manger	Nager	Commencer	Voir
je mangeais	je nageais	je commençais	je voyais
tu mangeais	tu nageais	tu commençais	tu voyais
il mangeait	il nageait	il commençait	il voyait
nous mangions	nous nagions	nous commencions	nous voyions
vous mangiez	vous nagiez	vous commenciez	vous voyiez
ils mangeaient	ils nageaient	ils commençaient	ils voyaient

● Attention au verbe *voir*, qui présente des formes homophones aux 1re et 2e personnes du pluriel du présent de l'indicatif (*nous voyons, vous voyez*) et de l'imparfait de l'indicatif (*nous voyions, vous voyiez*). N'oublie pas le *i* de l'imparfait, même s'il ne s'entend pas !

5 Dans la phrase « J'avais neuf ans lorsque ma demi-sœur se fiança. » :
– dis à quel temps le verbe *se fiancer* est conjugué → au passé simple
– explique la présence de la cédille sous la lettre *c*.
La cédille sous le *c* permet d'obtenir le son [s] devant *a*, *o* et *u*.

● Au passé simple, la 3e personne du sing. des verbes du 1er groupe se termine en *-a*. Attention à ne pas mettre de *-t*.

6 **Classe dans le tableau tous les mots de la dictée qui se terminent par le son [e].**

Nom féminin en *-ée*	Noms masculins en *-é*	Participes passés en *-é* ou *-ée*	Infinitif en *-er*
bien-aimée	été fiancé	décidé fiancée	demander

● Ne confonds pas le nom masculin *un été* et le participe passé du verbe *être* (*j'ai été*).

21 Conjugaison et accord des verbes — Le passé simple

1 **Conjugue les verbes entre parenthèses à la personne demandée du passé simple.**

1. Je vis arriver avec bonheur le printemps.
2. Tu écrivis une carte postale de Guadeloupe à tous tes amis.
3. Il dit à ses parents qu'il hésitait à continuer le basket.
4. Tu naquis le 20 janvier 1994 à 4 heures du matin.
5. Il fit une visite au château de Versailles.
6. Ils conduisirent huit heures avant d'arriver à la mer.

● Ne confonds pas le passé simple des verbes *faire* (*je fis*) et *être* (*je fus*).

2 **Conjugue les verbes suivants à la personne demandée du passé simple.**

1. Je courus à sa rencontre et nous bûmes le verre de l'amitié. – 2. Je sus qu'il avait beaucoup voyagé. – 3. Je lus ses récits de voyage et ils me plurent. – 4. Nous fûmes heureux de discuter. – 5. Quelques jours après notre soirée de retrouvailles, il reçut une nouvelle proposition de travail à l'étranger et il vécut plusieurs années en Afrique.

● N'oublie pas l'accent circonflexe aux 1re et 2e personnes du pluriel du passé simple (*nous fûmes, vous fûtes*). Attention aussi au verbe *recevoir*, qui subit une modification de radical : pour obtenir le son [s] devant la lettre *u*, il faut mettre une cédille sous le *c* (*il reçut*).

3 **Surligne les verbes de la dictée conjugués au passé simple.**

Une petite sœur était née. Mangiapan, mon voisin de classe, prétendait que les enfants sortaient du nombril de leur mère. Cette idée m'avait d'abord paru absurde : mais un soir, après un long examen de mon nombril, je constatai qu'il avait vraiment l'air d'une boutonnière. J'en conclus qu'un déboutonnage était possible et que Mangiapan avait dit vrai. Nous retrouvâmes notre mère dans le grand lit. Auprès d'elle, dans un berceau, un petite créature grimaçante poussait des cris de mirliton. L'hypothèse de Mangiapan me parut démontrée.

4 **Conjugue le verbe *paraître* au passé simple puis au passé composé.**

1. **passé simple :** je parus, tu parus, il parut, nous parûmes, vous parûtes, ils parurent.
2. **passé composé :** j'ai paru, tu as paru, il a paru, nous avons paru, vous avez paru, ils ont paru.

● Au passé simple, la voyelle *u* est toujours suivie d'une consonne (*je parus, tu parus, il parut*) alors qu'au participe passé la terminaison est en *-u* seul, comme dans paru (exceptions : *inclus* et *reclus*).

5 **Dans chaque phrase, complète la terminaison du verbe souligné et indique à quel temps il est conjugué en cochant la bonne case.**

1. Cette idée m'avait d'abord paru absurde.
   ☐ passé simple ☑ plus-que-parfait
2. L'hypothèse de Mangiapan me parut démontrée.
   passé simple plus-que-parfait

● Le participe passé se rencontre après l'auxiliaire *avoir* ou *être* (*Cette idée m'avait paru absurde*) ou dans un groupe nominal (*le décret paru au* Journal officiel).

6 **a. Dans la phrase suivante, souligne le groupe de mots avec lequel tu vas accorder le participe passé.**

b. Indique la fonction du participe passé en cochant la bonne réponse.

c. Ajoute la terminaison qui convient au participe passé.

L'hypothèse de Mangiapan me parut démontrée.

☐ épithète ☐ apposé ☑ attribut

● Le participe passé employé avec l'auxiliaire *être* ou un verbe d'état s'accorde en genre et en nombre avec le sujet.

22 Conjugaison et accord des verbes — Le futur simple

1 **Conjugue les verbes à la personne demandée du futur de l'indicatif.**

nettoyer →	vous	nettoierez
boire →	il	boira
aller →	j'	irai
établir →	il	établira
racheter →	je	rachèterai
congeler →	tu	congèleras
rendre →	je	rendrai
recueillir →	je	recueillerai
rappeler →	il	rappellera
vouloir →	je	voudrai

● Les verbes en *-eler* doublent la consonne *l* (*il rappellera*) ou prennent un accent (*je rachèterai/ tu congèleras*).

● Les verbes du 1er groupe en *-ayer*, *-uyer* et *-oyer* présentent deux difficultés : il faut transformer le *y* de l'infinitif en *i* car on n'entend plus le son [j], et il ne faut pas oublier le *e* muet qui vient de l'infinitif (*vous nettoierez*).

2 **Écris les verbes entre parenthèses à la 2e personne du pluriel du futur de l'indicatif.**

Le soir, vous mettrez dans votre cartable votre carnet de correspondance et votre cahier de textes. Vous n'oublierez pas de mettre les livres nécessaires à chacune des matières que vous aurez le lendemain.

Chaque semaine vous vérifierez le contenu de votre trousse et vous compléterez ce qui manque. Vous établirez une liste du matériel que vous devrez remplacer. Vous essaierez de ne rien oublier. Ainsi vous aurez toujours vos affaires et vous n'ennuierez pas votre voisin.

● Attention aux terminaisons homophones au futur des verbes du 1er groupe dont le radical se termine par un *i* (*vérifier → vous vérifierez*; *oublier → vous oublierez*) et des verbes du 2e groupe (*établir → vous établirez*). Les verbes du 1er groupe ont un *e* muet qui vient de l'infinitif.

3 **a. Surligne les verbes du texte conjugués au futur.**

b. Entoure le verbe *être* au futur.

Yahvé dit à Abram ! « Quitte ton pays et ta parenté. Je ferai de toi un grand peuple, je te bénirai, je magnifierai ton nom qui servira de bénédiction. [...] Voici mon alliance avec toi : tu deviendras père d'une multitude de peuples. On ne t'appelera plus Abram, mais ton nom sera Abraham, car je te fais père d'une multitude de peuples. J'institue mon alliance entre toi et moi. Je te donnerai le pays où tu séjournes, le pays de Canaan, en possession à perpétuité, et je serai votre Dieu. »

● Ne pas confondre le futur du verbe *être* (*je serai*) et celui du verbe *savoir* (*je saurai*).

4 **Écris l'infinitif du verbe *appellera*.**

appeler

● Attention à la modification du radical des verbes en *-eler* au futur où il faut doubler la consonne à toutes les personnes.

5 **a. Dans la forme conjuguée au futur proposée ci-dessous, encadre l'infinitif.**

je [magnifier] ai

b. Complète la règle qui explique la présence du *e* muet.

Pour conjuguer un verbe au futur, on prend l'infinitif du verbe et on y ajoute les terminaisons du verbe *avoir* au présent de l'indicatif.

c. Recherche le sens de ce mot.

Magnifier signifie « rendre grand, glorifier, louer ».

● N'oublie pas le *e* muet qui vient de l'infinitif (*je* [*magnifier*] *ai*). Ce verbe est composé de deux racines latines (*magnus* : « grand », et *facere* : « faire », « rendre »). *Magnifier* signifie donc « rendre grand ». On retrouve par exemple l'adjectif latin *magnus* dans le nom propre Charlemagne (*Carlus* : « Charles », *magnus* : « le grand »).

6 **Conjugue le verbe *quitter* dans le tableau suivant.**

Futur de l'indicatif (2e personne du sing.)	Présent de l'indicatif (2e personne du sing.)	Présent de l'impératif (2e personne du sing.)
tu quitteras	tu quittes	quitte

● Les verbes du 1er groupe ne prennent pas de *-s* final à la 2e personne du singulier du présent de l'impératif (*quitte*).

7 **Écris correctement le son [s] dans les phrases suivantes.**

1. Je suis en possession de trente billes de toutes les couleurs.
2. L'invention de l'imprimerie est attribuée à Gutenberg.
3. Cet été, je passe mes vacances au Sénégal.

● Le son [sjɔ̃] s'écrit le plus souvent *-tion*, comme dans *invention*. Il peut aussi s'écrire *-ssion*, comme dans *possession* ou *ascension*.

23 Homophones grammaticaux — *et, est, es* et *ai* ; *son* et *sont*

1 **Complète les phrases suivantes par *es*, *est*, *et* ou *ai*.**

1. Le luthier fabrique des violons et des violoncelles, des altos et des contrebasses. – 2. J'ai prévenu son employeur qu'il est malade. – 3. Tu es qualifié pour les championnats de France de natation. – 4. Il est enrhumé : il a mal à la gorge et son nez coule. – 5. Il est temps de rentrer et de se mettre au travail. – 6. Tu es passionné de musique et de danse. – 7. J'ai fait une partie de tennis avec un ami.

● Après le pronom de 1re personne du singulier *je*, [ɛ] s'écrit généralement *ai*. Après le pronom de 2e personne du singulier *tu*, [ɛ] s'écrit généralement *es*. Après les pronoms de 3e personne du singulier *il*, *elle* et *on*, [ɛ] s'écrit généralement *est*.

2 **Complète les phrases suivantes par *son* ou *sont*.**

1. Quels sont vos livres préférés ? – 2. Il a oublié son pull et son manteau. – 3. Ils sont restés chez son grand-père. – 4. Sont-ils arrivés en vacances ? – 5. Son professeur l'a félicité de son résultat aux épreuves communes de français.

● *Son* est un déterminant possessif. On le trouve avant un groupe nominal masculin singulier pour exprimer l'idée de possession.

3 **Écris les phrases suivantes au pluriel.**

1. C'est son jeu préféré. → Ce sont ses jeux préférés.
2. Sa robe est jolie. → Ses robes sont jolies.
3. Son pantalon est vieux et usé. → Ses pantalons sont vieux et usés.

● Les déterminants possessifs masculin et féminin singuliers *son* et *sa* forment leur pluriel en *ses*.

4 **Surligne les homonymes *est* et *et*.**

L'agouti est un gros rongeur aux pattes fines et assez longues. Il dort dans un terrier ou dissimulé au pied d'un arbre. Le jour, il (se) <u>nourrit</u> de racines, de feuilles vertes et de fruits tombés à terre. Il court ou nage très vite. Il a de nombreux prédateurs, mais (se) <u>reproduit</u> très bien.
Le coati est un petit carnivore qui (se) <u>nourrit</u> en bandes bruyantes durant la nuit. Il trouve au sol, qu'il fouille de son museau souple, vers et souris. Il grimpe également aux arbres pour attraper oiseaux et œufs. Mais les fruits constituent son mets préféré. Il (se) <u>camoufle</u> dans les fourrés quand il (se) <u>sent</u> menacé.

● *L'agouti est un gros rongeur*. On peut remplacer *l'agouti* par le pronom personnel de 3e personne *il* (*Il est un gros rongeur*). Or, derrière le pronom *il*, [ɛ] s'écrit généralement *est* ; c'est le verbe *être*. Mais dans *Pour attraper oiseaux et œufs*, c'est la conjonction de coordination *et* qui relie deux mots de même nature.

5 **Complète par *est* ou *et*.**

L'agouti est un gros rongeur aux pattes fines et assez longues.

6 **Écris la phrase de l'exercice 5 au pluriel.**

Les agoutis **sont** de gros rongeurs aux pattes fines **et** assez longues.

● Dans la transformation au pluriel, la conjonction de coordination *et* reste invariable. En revanche, le verbe *être* à la 3e personne du singulier (*est*) passe à la 3e personne du pluriel (*sont*).

7 **a. Mets les groupes nominaux suivants au pluriel.**

1. son museau souple → ses museaux souples
2. son mets préféré → ses mets préférés

b. Quelle est la nature grammaticale du mot *son* ?

Son est un déterminant possessif.

● Le déterminant possessif masculin singulier *son* forme son pluriel en *ses* (comme le féminin singulier *sa*) : *son frère → ses frères ; sa sœur → ses sœurs*.

8 **Entoure tous les pronoms *se* de la dictée. Souligne le verbe qui suit.**

Voir la dictée ci-dessus

● Ne confonds pas *se* (pronom personnel), toujours suivi d'un verbe (*se nourrir*) avec *ce* (déterminant démonstratif), qui est toujours suivi d'un nom ou d'un groupe nominal (*ce rongeur*).

9 **Complète les pointillés par *ou* ou *où*.**

1. Il dort dans un terrier ou dissimulé au pied d'un arbre.
2. Il court ou nage très vite.
3. Il creuse le trou où il a caché des noisettes.

● Essaye de remplacer *ou* par *ou bien*, qui signifie qu'on a le choix entre deux solutions : *Il court **ou** (bien) il nage*. Si ce n'est pas possible, c'est qu'il faut écrire *où*, adverbe qui exprime le lieu : *le tro **où** il a caché des noisettes*.

10 **Écris au singulier les deux noms suivants.**

1. des souris→ une souris
2. des mets→ un mets

● Les mots *souris* et *mets* prennent un -*s* final au singulier.

a, as et à ; on et ont

1 Complète par *as*, *a* ou *à* et ajoute les terminaisons des verbes en [e].

1. Il a acheté une machine à laver. – 2. Tu as cassé ton fer à repasser. – 3. C'est à Paris que Victor Hugo a terminé sa vie. – 4. Elle a donné à sa grand-mère une photo à coller dans l'album de famille. 5. A t il terminé ses devoirs ?

● Souviens-toi :
– ***a*** + terminaison verbale en ***-é*** (participe passé) ;
– ***à*** + terminaison verbale en ***-er*** (infinitif).

2 Complète par *ont*, *on* ou *n'*.

1. On est toujours méfiant à l'égard de ceux qui nous ont trompés. – 2. On a trouvé un bon endroit pour cueillir des champignons. – 3. On n'a encore reçu aucune réponse à votre demande mais on n'hésitera pas à vous contacter si on a du nouveau. – 4. On est heureux de faire votre connaissance ; on espère avoir prochainement l'occasion de vous revoir. – 5. On a toujours intérêt à demander conseil quand on n'est pas sûr de faire le bon choix. – 6. On a des difficultés à se concentrer quand on n'a pas assez dormi. – 7. Ils ont participé à la finale des rencontres de joutes théâtrales.

● Remplace le pronom personnel *on* par *il*. Si tu remplaces *on* par *il* dans *On est méfiant*, la liaison du *-n* de *on* avec le son [ɛ] disparaît (*Il est méfiant*). Dans *On n'a pas encore reçu de réponse*, la transformation de *on* en *il* te permet d'entendre la liaison du *n'* (*il* [n'] *a pas encore reçu de réponse*). Le mot *pas* t'indique aussi la forme négative du verbe.

3 Complète les phrases extraites de la dictée avec *on*, *on ne* ou *on n'*.

1. On ne les voit [pas] beaucoup.
2. On n'aura [pas] idée de me regarder.
3. On les coupe.
4. On épaissit les cheveux en les coupant souvent.
5. Quand on a fait une bêtise, on n'ose [pas] le dire.
6. J'attendrai qu'on serve le dîner.

4 Complète les phrases suivantes par *a* ou *à* en cochant la bonne réponse.

1. Elle ☑ a ☐ à les sourcils blonds.
2. Elle ☑ a ☐ à entendu dire qu'on épaississait les cheveux en les coupant souvent.
3. Elle ☑ a ☐ à une figure toute drôle.
4. On ira ☐ a ☑ à table.

● Après les pronoms de 3e personne du singulier (*elle, il, on*), on écrit *a* : il s'agit du verbe *avoir* à la 3e personne du singulier du présent de l'indicatif, que l'on peut remplacer par le verbe *avoir* à l'imparfait (*Elle a (avait) des sourcils blonds).*

5 Écris les phrases précédentes au pluriel.

1. Elles ont les sourcils blonds. – 2. Elles ont entendu dire qu'on épaississait les cheveux en les coupant souvent. – 3. Elles ont une figure toute drôle.

● *Ont*, verbe *avoir* à la 3e personne du pluriel du présent de l'indicatif, est le pluriel de *a*.

6 a. Complète les phrases suivantes avec *-ai*, *-er* ou *-ait*.

1. Je vais les couper pour qu'ils repoussent épais.
2. Elle a entendu dire qu'on [épaississait] les cheveux en les coupant souvent.
3. Elle n'ose pas aller à table.
4. [J'attendrai] qu'on serve le dîner.

b. Précise le temps des verbes encadrés dans les phrases 2 et 4.

1. épaississait : imparfait 2. attendrai : futur

● – *Attendrai* : *attendre* au futur ;
– *Épaississait* : *épaissir* (2e groupe) à l'imparfait de l'indicatif ;
– *Aller* : verbe à l'infinitif placé après un 1er verbe, *ose*. Quand deux verbes se suivent, le 2e se met à l'infinitif.

là, la et l'a ; où et ou

1 **Écris les phrases soulignées au passé composé.**

1. Damien donne sa nouvelle adresse à ses amis. Il l'envoie par mail. Il **l'a envoyée** par mail.
2. Sophie écoute sa sœur. Elle **la** console. Elle **l'a consolée**.
3. Le conducteur porte sa voiture chez le garagiste. Il **la** répare rapidement. Il **l'a réparée** rapidement.

● Le pronom personnel *la* s'est élidé en *l'* devant l'auxiliaire *avoir* conjugué sous la forme *a* : *la* + *a* = *l'a*. L'apostrophe indique la suppression de la voyelle *a* du pronom (*Elle* [*la*] *console* → *elle* [*l'*]*a consolée*).

2 **Complète les phrases suivantes avec *la*, *l'a* ou *là*.**

1. Cette année-là, la population a souffert de la chaleur. – 2. Peter a visité la tour Eiffel : il l'a photographiée pour la montrer à ses amis à son retour. – 3. Il ne faut pas confondre ces deux îles : ici c'est la Corse et là, c'est la Sicile. – 4. Pierre l'a visitée l'année dernière.

● L'adverbe *là* est relié au nom *année* par un trait d'union (*cette année-là*).

3 **Complète les phrases ci-dessous par *ou* ou *où*.**

1. Il ouvrit l'armoire où se trouvait la confiture. – 2. Préférez-vous la glace au chocolat ou à la vanille ? – 3. D'où viens-tu ? – 4. Il fut un temps où les femmes portaient de longues robes. – 5. Voici la maison où je suis né. – 6. Voulez-vous du thé ou du café ? – 7. Je le donnerai à Charlotte ou à Morgan.

● *Où* exprime le temps (*Il fut un temps où les femmes…*) ou le lieu (*D'où viens-tu ?*).

4 **a. Dans la dictée, surligne les mots qui se prononcent [la].**

Agathon se précipita dehors. Il s'engouffra dans de petites ruelles et courut jusqu'au quartier des riches Athéniens, là où [vivaient] les armateurs, les banquiers et les grands marchands. Il demanda où se [trouvait] la maison de Chrisothémis. On lui expliqua qu'il la reconnaîtrait à sa porte en bois surmontée d'une tête d'Hermès. Il frappa à la porte. On vint lui ouvrir.

– Mon père m'a chargé d'une commission pour Chrisothémis. Il a un vase pour lui. C'est Kalisthène qui l'a peint.

b. Relève deux articles définis féminins singuliers *la*.
1. la (maison) 2. la (porte)

c. Relève un pronom personnel féminin singulier. la

– Indique le verbe qui suit ce pronom. reconnaîtrait

– Quel GN ce pronom remplace-t-il ? la maison de Chrisothémis

● Ne confonds pas :
– *la* déterminant article défini féminin singulier + nom ou groupe nominal (***la** porte*) ;
– *la* pronom personnel féminin singulier + verbe (*il **la** reconnaîtrait*).

5 **a. « C'est Kalisthène qui l'a peint » : souligne le 2e verbe et dis à quel temps il est conjugué.** au passé composé

b. Quel nom le pronom *l'* remplace-t-il ? un vase

● *L'* peut remplacer les pronoms *le* ou *la*. Dans *Il l'a peint*, *l'* est mis pour *le*, pronom personnel qui remplace le groupe nominal *le vase*.

6 **a. Quelle est la nature du mot *là* ?** ☐ un déterminant ☑ un adverbe

b. Quelle idée exprime-t-il ? *Là* exprime le lieu le temps.

● *Où* et *là* sont des adverbes qui expriment le lieu. Ils prennent tous les deux un accent.

7 **a. Dans la dictée, souligne les homophones *ou* ou *où*. Comment s'écrivent-ils ?** où

b. Quelle idée expriment-ils ? Ils expriment ☑ le lieu ☐ le temps.

26 Homophones grammaticaux — ce et se ; ces et ses

1 **Complète les phrases suivantes par *ce*, *se*, *ses* ou *ces*.**

1. Ces arbres ont souffert de la tempête. – 2. Ce soir, il se rendra à l'opéra pour entendre ce fameux ténor dont tout le monde parle. – 3. Il a passé l'été chez ses grands-parents. – 4. Ces jeunes sportifs ont remporté une médaille aux jeux Olympiques. – 5. Ce professeur se montre indulgent avec ce nouvel élève. – 6. J'ai acheté ces fraises au marché.

- Ne confonds pas :
– *se* pronom personnel + verbe (*Il se montre indulgent...*) ;
– *ce* déterminant démonstratif masculin singulier + nom ou groupe nominal (... *avec ce nouvel élève*).

2 **Mets les phrases suivantes au singulier.**

1. Ils m'ont montré ces jeux vidéo sur un catalogue.
Il m'a montré **ce** jeu vidéo sur un catalogue.
2. Ses sœurs sont plus âgées que ses frères.
Sa sœur est plus âgée que **son** frère.

- *Ce* (déterminant démonstratif) est le singulier de *ces* ; *son* (déterminant possessif) est le singulier de *ses*. *Ces* et *ses* sont des déterminants, on les rencontre donc toujours devant un nom ou un GN.

3 **Mets les phrases suivantes au pluriel.**

1. Son frère est parti à l'étranger avec ce très bon guide touristique.
Ses frères **sont** partis à l'étranger avec **ces** très bons guides touristiques.
2. Il a rangé son livre sur cette étagère.
Ils ont rangé **leurs** livres sur **ces** étagères.

- *Se* n'est pas un déterminant : c'est un pronom que l'on rencontre uniquement devant un verbe (*se nourrir*).

4 **a. Encadre les déterminants possessifs pluriel *ses*.**

Persée s' arrête dans ce fameux jardin des Hespérides qui se trouve dans le royaume d'Atlas. Sur [ses] arbres, des feuilles couvraient des rameaux d'or. « Étranger, lui dit Persée. Je te demande l'hospitalité et le repos. » Atlas le repousse. De [ses] propres mains, il essaie de chasser <u>ce</u> héros. Persée lui dit : « Eh bien, puisque tu tiens si peu à mon amitié, reçois ta récompense. » Et il lui présente la face hideuse de la Méduse. Atlas est changé en montagne : [ses] épaules et [ses] bras en coteaux ; ce qui fut sa tête se dresse au sommet de la montagne ; [ses] os se transforment en pierre.

b. Remplace les groupes nominaux introduits par *ses* par un groupe nominal suivi d'un complément du nom.

ses arbres → les arbres du jardin des Hespérides
ses épaules → les épaules d'Atlas

- *Ses* (déterminant possessif pluriel) exprime la possession, l'appartenance. On peut le remplacer par un complément du nom : ***ses** arbres = les arbres **du jardin des Hespérides***.

5 **Souligne un déterminant démonstratif *ce*. Recopie-le en notant entre parenthèses le groupe nominal qu'il détermine.** ce (héros)

- Devant un nom, [sə] s'écrit toujours *ce*.

6 **Surligne les pronoms personnels *se* (ou *s'*). Recopie-les en notant entre parenthèses les verbes pronominaux qui les suivent.**

1. s'(arrête) 2. se (trouve) 3. se (dresse) 4. se (transforment)

7 **Relève dans la dictée deux noms masculins qui se terminent par un -*s* au singulier : pour l'un d'eux, justifie ce *s* par un mot de la même famille.**

1. repos → se reposer 2. héros

- *Héros* et *repos* s'écrivent avec un -*s* final au singulier.

27 Homophones grammaticaux

leur et leurs ; quel(s), quelle(s) et qu'elle(s)

1 **Accorde les déterminants possessifs *leur* en nombre avec le nom ou le groupe nominal qui suit.**

Pierre et Jérôme ont invité leurs amis pour leur anniversaire. Ils leur ont envoyé une invitation. Ceux-ci devront leur téléphoner au plus vite pour confirmer leur venue. Ils iront faire un match de football avec leurs amis et ils leur proposeront un bon goûter pour les réconforter.

● Ne confonds pas :
– *leur* déterminant possessif + nom ou groupe nominal singulier ;
– *leurs* déterminant possessif + nom ou groupe nominal pluriel ;
– *leur* pron. pers. ***invariable*** + vb.

2 **Écris le groupe nominal au singulier ou au pluriel selon le sens.**

1. La sonnerie retentit. Les élèves rendent leurs devoirs au professeur.
2. Ils se racontent leurs souvenirs de vacances.
3. Les délégués de 6e 3 demandent un entretien à leur professeur principal.

● *Leur professeur* s'écrit au singulier car tous les élèves de 6e 3 n'ont qu'un seul professeur principal.

3 **Complète par *quel(s)*, *quelle(s)* ou *qu'elle(s)*.**

1. J'ignore quelle heure il est. – 2. Quel bon repas ! – 3. Le jaune est la couleur qu'elle a choisie pour sa salle à manger. – 4. Quels sont vos jeux favoris ? – 5. Elles sont ravies des vacances qu'elles ont passées au Portugal. – 6. Je me demande quelles sont les amies qu'elle a invitées à son anniversaire.

● Remplace *qu'elle* par *qu'il* et *qu'elles* par *qu'ils*. N'oublie pas l'accord du déterminant (interrogatif ou exclamatif) *quel* avec le nom ou GN qui suit.

4 **a. Entoure les déterminants possessifs *leur* et *leurs* et encadre les pronoms personnels *leur*.**

Le marchand perdit ses biens. Il dit à ses enfants qu'il leur fallait aller dans leur maison de campagne. Ses filles aînées répondirent qu'elles ne voulaient pas quitter la ville et qu'elles connaissaient des jeunes gens qui seraient heureux de les épouser.

Elles se trompaient : leurs amis ne voulurent plus les regarder quand elles furent pauvres. Personne ne les aimait à cause de leur fierté. On disait : « Nous sommes bien aises de voir leur orgueil abaissé : qu'elles aillent faire les dames en gardant les moutons. »

Mais on disait :

Pour la Belle, nous sommes fâchés : quelle bonne fille ! »

b. Recopie les déterminants possessifs *leur* et *leurs* et écris entre parenthèses le nom ou groupe nominal avec lequel ils s'accordent.

1. leurs (amis) 2. leur (fierté) 3. leur (orgueil)

● *Leur*, déterminant possessif, s'accorde en nombre avec le groupe nominal qui suit.

5 **a. Souligne les pronoms personnels féminins *elles* précédés de *que*.**

b. Recopie-les en écrivant le verbe qui les suit.

1. qu'elles → voulaient 2. qu'elles → connaissaient 3. qu'elles → aillent

c. Surligne en bleu un déterminant exclamatif. Recopie-le et écris entre parenthèses le groupe nominal avec lequel il s'accorde.

quelle (bonne fille)

● *Qu'elle(s)* est toujours suivi d'un verbe.

● *Quelle(s)* est toujours suivi d'un nom ou groupe nominal.

6 **Recopie trois groupes nominaux qui commencent par le déterminant possessif pluriel *ses*. Écris entre parenthèses le possesseur.**

1. **ses** biens (les biens **du marchand**) 2. **ses** enfants (les enfants **du marchand**)
3. **ses** filles aînées (les filles aînées **du marchand**)

● *Ses* exprime la possession, l'appartenance. On peut le remplac[e] par un complément du nom : ***ses*** *biens = les biens* ***du marchand***.

Préparer la dictée

Rufus est un jeune écolier romain. Son maître, Xantippe, l'interpelle.

Il pointa le doigt vers Rufus.

« Pourquoi as-tu quitté ta place ? Et qu'allais-tu faire derrière moi pendant le cours ? Réponds, je te l'ordonne ! »

Xantippe se retourna pour jeter un regard sur le mur. Soudain, il aperçut l'inscription : Caïus est un âne. Alors il explosa littéralement.

« Ah ! cria-t-il. Regardez-moi ça ! Eh bien, attends un peu, mon petit ! Au lieu de travailler, tu as commis une faute grave ! Tu as troublé l'ordre et la discipline de la classe ! Prends immédiatement tes affaires et file ! Ta place n'est plus ici ! Tu ne mérites pas que tes parents dépensent tant d'argent pour toi. Allez ! Dehors ! »

D'après Henry WINTERFELD, *L'Affaire Caïus*, © Hachette Jeunesse, coll. « Le Livre de Poche Jeunesse », 1996.

4 **a. Surligne les verbes de la dictée conjugués au présent de l'impératif.**

Tu dois surligner six verbes.

b. Parmi ces verbes :

– relève un verbe du 1er groupe à la 2e personne du singulier du présent de l'impératif ;

....

– donne la particularité de sa terminaison en complétant la règle de conjugaison.

À la 2e personne du singulier de l'impératif, les verbes du 1er groupe se terminent par la lettre

....

5 **Complète les phrases suivantes en conjuguant le verbe *rentrer* au présent de l'indicatif ou de l'impératif, selon le cas.**

1. .... tout de suite à la maison.

2. Après les cours, tu .... directement chez toi.

6 **Relève tous les mots dans lesquels tu entends le son [s] et classe-les en fonction de la graphie qui sert à transcrire ce son.**

Revois d'abord l'unité 3, p. 10.

s :	....	*ss* :	....
	....	*sc* :	....
	....	*c* :	....
	....	*t* :	....
	....	*ç* :	....

Écrire un verbe au passé composé

- Le passé composé se conjugue avec **l'auxiliaire** *avoir* ou *être* au présent de l'indicatif, **suivi du verbe au participe passé** : *j'ai chanté, tu as fini, il a pris, j'ai eu, j'ai été...*

- Le participe passé des verbes du **1er groupe** se termine toujours en **-é** (*chanté*).
Le participe passé des verbes du **2e groupe** se termine toujours en **-i** (*fini*).
La terminaison du participe passé des verbes du **3e groupe** est **variable** :

1er groupe	2e groupe	3e groupe
toujours en **-é** (*chanté*)	toujours en **-i** (*fini*)	**-i**, **-is**, **-it** **-u** (*vu, aperçu*), sauf *inclus* et *reclus* **-t** (*ouvert*)

- Le problème de la **consonne finale du participe passé** se pose donc seulement pour les verbes du 3e groupe. Pour entendre cette consonne muette, il suffit de former le féminin du participe passé.
Ex. : *un café pris rapidement → une consommation pris-e rapidement*
un commerce ouvert le lundi → une boutique ouvert-e le lundi

Appliquer

1 Conjugue les verbes à la personne demandée du passé composé.

lire	j'	rire	j' ....
voir	il	apprendre	il ....
avoir	tu	conduire	tu ....
appuyer	il	écrire	il ....

2 Dans le texte suivant, écris les verbes entre parenthèses au passé composé.

La deuxième nuit, il (*monta*) .... de nouveau dans le vieux château, (s'*assit*) .... au coin du feu et (*recommença*) .... sa vieille chanson : « Ah ! si seulement je pouvais connaître la peur ! » Vers minuit un bruit (*se fit*) .... entendre et une moitié d'homme (*dégringola*) .... par la cheminée et (*tomba*) .... devant eux. Puis le vacarme (*reprit*) .... de plus belle, on (*entendit*) .... tempêter et hurler.

Certains verbes se conjuguent avec l'auxiliaire *avoir* et d'autres avec l'auxiliaire *être*.

GRIMM, « De celui qui partit en quête de la peur », *in Contes*, trad. de Marthe ROBERT, © Éditions Gallimard, coll. « Folio ».

Préparer la dictée

*Dans l'atelier de poterie de Mélanthos, le peintre grec Kalisthène a peint sur un vase deux scènes inspirées de l'*Odyssée *d'Homère. Les deux hommes dialoguent.*

> Kalisthène a peint un Ulysse barbu. Sous son pinceau il est devenu un voyageur blessé, à qui, agenouillée, la vieille esclave lave les pieds.
>
> – La vieille servante, c'est sa nourrice ? La seule personne qui l'a reconnu grâce à sa cicatrice.
>
> – Tu as raison.
>
> Mélanthos a fait tourner un peu le vase pour voir la seconde scène où l'on reconnaît Télémaque bébé dans les bras de sa mère Pénélope. Depuis des années, elle ruse jour après jour pour ne pas épouser les prétendants. Mais comme elle leur a promis de se décider quand elle aurait fini son ouvrage, elle défait la nuit ce qu'elle a tissé le jour.

D'après Nathalie DALADIER et Philippe MIGNON, *Le Plus Beau Vase d'Ulysse*,

3 **a. Surligne les verbes de la dictée conjugués au passé composé.**

b. Recopie les participes passés des verbes du 3ᵉ groupe et entoure leur terminaison.

Ex. : *pein(t)*

1. ……………………………………
2. ……………………………………
3. ……………………………………
4. ……………………………………

N'oublie pas que les terminaisons des participes passés des verbes du 3ᵉ groupe sont variables.

4 **a. Souligne deux participes passés employés sans auxiliaire.**

b. Recopie-les dans le tableau ci-dessous et indique le nom avec lequel chacun d'eux s'accorde.

Participe passé	*blessé*	…………………
Nom avec lequel il s'accorde	…………………	…………………

Relis la leçon de l'unité 9, p. 22.

5 **a. Ces participes passés sans auxiliaire sont-ils employés comme :**

☐ verbes ☐ adjectifs qualificatifs ?

b. Quelle est la fonction de *blessé* ? Coche la bonne réponse.

☐ épithète ☐ apposé

Écrire le son [e] à la fin d'un verbe du 1er groupe

● Seuls les verbes du 1er groupe ont des **terminaisons homophones à l'infinitif et au participe passé** : *chanter* ; (*il a*) *chanté*. Pour les distinguer, on peut remplacer le verbe du 1er groupe par un verbe du 3e groupe dont l'infinitif et le participe passé se différencient facilement.

Ex. : *Il commence à déjeun**er**.* (infinitif) → *Il commence à prendre son déjeuner.* (infinitif)

*Il a bien déjeun**é**.* (part. passé) → *Il a bien pris son déjeuner.* (part. passé)

D'autres règles sont utiles :
- quand deux verbes se suivent, le second se met à l'infinitif ;

Ex. : *Il **voulut** déjeun**er**.*
- après une préposition (*à, de, pour, sans...*), le verbe se met à l'infinitif.

Ex. : *Il se prépare **à** déjeun**er**.*

● La terminaison [e] à la fin d'un verbe peut aussi s'écrire ***-ez*** au présent de l'indicatif et de l'impératif, quand le verbe est à la 2e personne du pluriel.

Ex. : *Vous chant**ez*** (présent de l'indicatif) – *Chant**ez** maintenant !* (présent de l'impératif)

Appliquer

1 **Complète la terminaison des verbes du 1er groupe par *-é* ou *-er*.**

1. Il a achet.......... une machine à lav...........
2. Il a cass .... son fer à repass...........
3. C'est à Auvers-sur-Oise que Van Gogh a termin.......... sa vie.
4. A-t-il termin.......... le travail qu'il a recopi .... ?

Retiens ces formules. Elles t'aideront à faire l'exercice :
– préposition *à* + verbe infinitif (*Il se prépare à déjeuner*) ;
– auxiliaire *avoir* + participe passé (*Il a déjeuné*).

2 **a. Complète les phrases suivantes par *-é*, *-er* ou *-ez*.**

1. Vous av.......... oubli.......... de vous réveill..........
2. Il vous a appel.......... hier pour vous demand.......... conseil.
3. Av..........-vous pens.......... à renouvel.......... votre passeport ?
4. Vous a-t-il invit.......... à pass.......... quelques jours dans sa maison de campagne ?

b. Dans les phrases ci-dessus, souligne le pronom personnel *vous* quand il est sujet et entoure-le quand il est complément.

Attention ! tous les pronoms *vous* ne sont pas en fonction de sujet. Ils peuvent être en fonction de COD (*Il vous a appelé*) (COD) ou de COI (*Il vous a parlé*) (COI).

Préparer la dictée

Le professeur interpelle le jeune Roald Dahl qui a parlé avec un camarade.

– Vous parlez ! Je vous ai vu parler ! N'essayez pas de nier ! Je vous ai nettement vu parler derrière votre main !

Je me pétrifiai de terreur. Tous les autres garçons s'étaient arrêtés de travailler et avaient levé la tête.

– Niez-vous que vous étiez en train de parler ? hurla le capitaine.

– Non, monsieur, m-mais…

– Et niez-vous que vous avez essayé de tricher ? Niez-vous que vous demandiez à Dobson de vous aider pour votre rédaction ?

– N-non, monsieur. Pas du tout. Je ne trichais pas.

– Bien sûr que si ! Sinon, si je peux me permettre la question, pourquoi auriez-vous parlé à Dobson ? Vous ne lui demandiez pas, je suppose, des nouvelles de sa santé !

D'après Roald DAHL, *Moi, Boy*, trad. de Janine HÉRISSON, © Éditions Gallimard, coll. « Folio Junior »,
© Roald Dahl Nominee LTD. 1984.

3 **a. Souligne les verbes qui se terminent en *-er*. Cinq d'entre eux sont précédés d'une préposition que tu entoureras.**

b. Surligne les verbes qui se terminent en *-é*. Encadre l'auxiliaire *être* ou *avoir* qui les précède.

4 **Classe les verbes de la dictée qui se terminent en *-ez* dans la tableau suivant.**

Verbes à la 2ᵉ personne du pluriel du présent de l'indicatif	Verbe à la 2ᵉ personne du pluriel du présent de l'impératif
....	....

5 **Dans la phrase « N'essayez pas de nier ! Je vous ai nettement vu parler derrière votre main ! », certains mots sont soulignés. Donne la règle d'orthographe qui explique pourquoi la lettre *e* en bleu ne prend pas d'accent.**

Aide-toi de la leçon de l'unité 2, p. 8.

Quand *e* est suivi de deux .... identiques ou différentes, il ne prend pas d'accent.

17 Accorder le verbe avec son sujet

- Dans une proposition, **le sujet** est le mot ou le groupe de mots qui **permet de répondre à la question « Qui est-ce qui... ? »** ou « Qu'est-ce qui... ? ».
Ex. : *Molière était un grand auteur dramatique.*
Qui est-ce qui *était un grand auteur dramatique ? C'est Molière qui...*

- Le verbe s'accorde toujours en nombre et en personne avec son sujet, quelles que soient sa place et sa nature.

- Le sujet se place généralement avant le verbe. Quand il est placé derrière le verbe, on dit qu'il est **inversé**.
Ex. : *J'ai visité la petite ville de Pézenas, où joua la troupe de Molière.*

- Le sujet est le plus souvent un nom, un groupe nominal ou un pronom. Parmi les pronoms qui sont en fonction de sujet, on retiendra :
– les **pronoms personnels *je, tu, il, elle, on, nous, vous, ils*** placés avant un verbe ;
– le **pronom relatif *qui***. L'accord se fait alors avec l'antécédent (le mot ou groupe de mots remplacé par le pronom).
Ex. : *Martine, qui* (sujet) *a été maltraitée, se venge de son mari.*

Appliquer

1 Dans les phrases suivantes, encadre le sujet puis accorde le verbe entre parenthèses, que tu conjugueras au présent de l'indicatif.

1. Je te (*demander*) .... conseil et tu me le (*donner*) .... gentiment. – 2. J'(*aimer*) .... les films policiers. Je les (*regarder*) .... avec mon frère. – 3. Leurs parents (*vivre*) .... en province. Ils les (*appeler*) .... régulièrement.

2 Encadre le pronom relatif *qui* en fonction de sujet et souligne son antécédent. Puis accorde chaque verbe avec le sujet *qui*, et conjugue-le au présent de l'indicatif.

Ex. : *Toi qui (s'intéresser) .... à l'architecture, tu devrais aller à Bilbao.*

Toi qui t'intéresses à l'architecture, tu devrais aller à Bilbao.

1. C'est toi qui (*être*) .... la plus douée en peinture.

2. C'est toi qui (*appeler*) .... les enfants qui (*jouer*) .... dans le jardin.

3. Pierre fait des dîners qui (*enchanter*) .... tous ses amis.

3 Dans les phrases suivantes, souligne le sujet et accorde correctement le verbe, que tu conjugueras au présent de l'indicatif.

Attention, certains sujets sont placés après le verbe (sujets inversés). Pose la question « Qui est-ce qui ? » ou « Qu'est-ce qui ? » pour trouver le sujet.

1. Paris (*être*) .... la capitale de la France.

2. Qui (*être*) ....-tu ?

3. Je cherche un pays où (*régner*) .... la joie et le bonheur.

Préparer la dictée

Le dimanche, Marcel se promène avec sa tante au parc Borély de Marseille.

On y trouvait des allées ombragées, des pelouses qui vous invitaient à vous rouler dans l'herbe, et des étangs où naviguaient des flottilles de canards.
On y trouvait aussi, à cette époque, des gens qui apprenaient à gouverner des bicyclettes : les mâchoires serrées, ils échappaient soudain au professeur, disparaissaient dans un fourré, et reparaissaient, leur machine autour du cou. Ce spectacle ne manquait pas d'intérêt, et j'en riais aux larmes.
Ma principale occupation était de lancer du pain aux canards. Dès que je montrais un croûton, leur flottille venait vers moi et je commençais ma distribution.

Marcel PAGNOL, *La Gloire de mon père*, © Éditions de Fallois, coll. « Fortunio », 1990. Site marcel-pagnol.com.

4 **Souligne les verbes conjugués et surligne leur sujet.**

5 **Classe ces sujets dans le tableau ci-dessous selon leur nature.**

Pronom personnel	Pronom relatif	Groupe nominal
....	....	....
....		....
....		....
....		....

Quand le même pronom est surligné plusieurs fois, ne le recopie qu'une fois dans le tableau.

6 **a. Où se place habituellement le sujet ?**

Le sujet se place habituellement .... le verbe.

b. Relève un groupe nominal en fonction de sujet qui est placé après le verbe.

....

7 **Dans les phrases ci-dessous, remplace les groupes nominaux surlignés par un pronom personnel de 3ᵉ personne (*il*, *elle*, *ils* ou *elles*).**

Ma principale occupation .... était de lancer du pain aux canards. Ces stupides animaux .... me connaissaient bien. Dès que je montrais un croûton, leur flotille .... venait vers moi et je commençais ma distribution.

8 **Explique pourquoi les verbes *rouler*, *gouverner* et *lancer* sont à l'infinitif.**

Ces verbes sont à l'infinitif parce qu'ils sont précédés d'une ....

Accorder un participe passé employé seul ou avec *être*

- **Employé sans auxiliaire**, le participe passé joue le rôle d'un **adjectif qualificatif** épithète, apposé ou attribut. Il **s'accorde** en genre et en nombre **avec le nom** ou le groupe nominal qu'il caractérise.
  Ex. : *Les élèves, ravi**s**, attendent l'arrivée de leurs correspondants.*
- Le participe passé employé avec **l'auxiliaire *être*** s'accorde en genre et en nombre avec le sujet.
  Ex. : *Les professeurs* (sujet) *sont sorti**s** du conseil de classe.*
- Le participe passé employé avec **les verbes d'état** (*sembler, paraître, demeurer, devenir, rester, avoir l'air…*) s'accorde en genre et en nombre avec le sujet.
  Ex. : *Les correspondants* (sujet) *semblent enchanté**s** de leur séjour en France.*

Appliquer

1 a. Souligne les verbes d'état dans les phrases ci-dessous.

Paul a l'air enrhumé. Il semble atteint d'un virus grippal. Il demeure allongé toute la journée et paraît amaigri. Dans quelques jours il sera rétabli.

b. Réécris les phrases précédentes en remplaçant les sujets *Paul* et *il* par *Marie et Claire* et *elles*. Accorde comme il convient les participes passés employés comme adjectifs en fonction d'attributs.

....

....

2 Conjugue les verbes en italique au passé composé et accorde les participes passés.

1. Éloi *va* à la piscine.
   Eloi est allée /
2. Maïwen et Antoine *partent* en vacances en Guadeloupe.
   Maiwen et Antoine sont partis /
3. Les alpinistes *vont* faire une grande randonnée.
   Les alpiniste sont allés /
4. Les pommes *tombent* de l'arbre.
   Les pommes sont tombées /

Tous les verbes soulignés se conjuguent avec l'auxiliaire *être* au passé composé.

Préparer la dictée

Un élève de l'internat a saupoudré de sucre le sol du couloir des dortoirs. La surveillante a alerté le principal.

> Le principal fut alerté à l'étage en dessous. La surveillante, les naseaux fumants de colère, l'avait appelé, et nous étions maintenant entassés dans le long couloir, frigorifiés, en pyjama et pieds nus, pendant qu'on ordonnait aux coupables de sortir des rangs.
> Personne ne bougea.
> Je voyais bien que le principal était de plus en plus irrité. Sa soirée avait été interrompue. Des plaques rouges apparaissaient sur son visage et il postillonnait en parlant.
> – Chacun d'entre vous va aller chercher immédiatement la clef de sa boîte à nanan ! Remettez les clefs à la surveillante. Et les colis de vos familles seront confisqués !

3 **a. Surligne les participes passés employés avec *être* (auxiliaire ou verbe d'état).**

b. Recopie-les dans la dernière colonne du tableau ci-dessous.

c. Complète les autres colonnes du tableau.

Sujet (genre et nombre)	Forme conjuguée du verbe *être*	Temps du verbe *être*	Participe passé (genre et nombre)
Le principal (masc. sing.)	*fut*	*(passé simple)*	*alerté (masc. sing.)*
....	....	(....................................)	....
....	....	(....................................)	....
....	....	(....................................)	....
....	....	(....................................)	....
....	....	(....................................)	....

4 **Écris le groupe nominal suivant au singulier.**

les colis de vos familles → ....

Aide-toi du dictionnaire.

5 **Complète le tableau à l'aide de mots de la dictée qui présentent un redoublement de consonne.**

-nn-	*-rr-*	*-pp-*	*-mm-*	*-tt-*
....	....	....	....	....

Accorder un participe passé employé avec *avoir*

- La plupart des verbes forment leurs temps composés avec l'auxiliaire ***avoir* suivi du participe passé**.
- Le participe passé employé avec l'auxiliaire *avoir* **ne s'accorde pas** quand le COD est placé **après le verbe**.
  Ex. : *Le professeur a corrigé* [*les copies*].
- En revanche, le participe passé **s'accorde en genre et en nombre avec le COD quand celui-ci est placé avant le verbe**. Il s'agit le plus souvent d'un pronom :
  – les pronoms personnels *le, la, l', les*. Ex. : *Le professeur* [*les*] *a corrig**ées*** ;
  – ou le pronom relatif *que*. Ex. : *Les copies* [*que*] *j'ai corrig**ées** étaient excellentes.*

Appliquer

1 **Dans les phrases suivantes, remplace le groupe nominal COD souligné par un pronom personnel (*la* ou *les*), puis accorde le participe passé comme il convient.**

Ex. : *Les professeurs ont corrigé <u>les copies</u>. → Les professeurs* [*les*] *ont corrigées.*

1. Les supporters ont applaudi <u>les vainqueurs</u>. Les supporters les ont applaudis
2. Sa mère lui a raconté <u>une histoire</u>. Sa mère la lui a racontée

2 **Dans chaque phrase, remplace le groupe nominal COD encadré par le pronom relatif *que*, puis accorde le participe passé comme il convient.**

Ex. : *J'ai vu* [*une excellente émission*] *à la télévision.*
→ *<u>L'émission</u>* [*que*] *j'ai vue à la télévision était excellente.*

1. J'ai lu [deux livres passionnants] la semaine dernière.
<u>Les deux livres</u> [que] ....
2. M. Martin a rencontré [une ancienne élève] qui est devenue vétérinaire.
<u>L'ancienne élève</u> [que] ....

3 **Réécris les phrases suivantes en conjuguant les verbes entre parenthèses au passé composé. N'oublie pas d'accorder les participes passés.**

1. Nos voisins nous (*aider*), nous les (*remercier*).
....
2. Ce sont des histoires qu'il (*recueillir*) au cours de ses voyages.
....

Préparer la dictée

Le jeune Franz de Télek se promène en Transylvanie avec son fidèle serviteur, Rotzko. Soudain la Stilla, célèbre cantatrice aimée de Franz et qu'il croyait morte, lui apparaît sur le bastion d'un vieux château en ruine.

La Stilla, que Franz de Télek ne croyait jamais revoir, venait de lui apparaître sur le terre-plein du bastion ! Il n'avait pas été le jouet d'une illusion et Rotzko l'avait vue comme lui ! C'était bien la grande artiste vêtue de son costume d'Angélica. L'effroyable vérité éclata aux yeux du jeune comte. Ainsi, cette femme adorée était enfermée depuis cinq ans au milieu des montagnes transylvaines ! Ainsi, celle que Franz avait vue tomber morte sur scène avait survécu ! La Stilla avait donc été enlevée par le baron de Gortz. Elle était vivante ; il y avait là une certitude absolue.

D'après Jules VERNE, *Le Château des Carpathes*, 1892.

4 **a. Surligne dans la dictée deux participes passés employés avec l'auxiliaire *être*.**

b. Recopie-les et indique les mots avec lesquels ils s'accordent.

1. .... (..)

2. .... (..)

5 **a. Souligne dans la dictée tous les participes passés employés avec l'auxiliaire *avoir*.**

b. Entoure le pronom en fonction de COD avec lequel s'accorde chacun de ces participes passés.

Aide-toi des exercices 1 et 2.

6 **a. Relève un participe passé employé avec l'auxiliaire *avoir* qui ne s'accorde pas.**

....

b. Justifie l'absence d'accord en cochant la bonne réponse.

☐ pas de COD ☐ COD placé avant le verbe ☐ COD placé après le verbe

7 **a. Encadre les trois participes passés employés sans auxiliaire.**

b. Recopie-les en précisant entre parenthèses le groupe nominal avec lequel chacun s'accorde.

1. .... (..)

2. .... (..)

3. .... (..)

20 Écrire un verbe à l'imparfait

- À tous les groupes, les terminaisons des verbes à l'imparfait sont les mêmes: ***-ais, -ais, -ait, -ions, -iez, -aient***
- Le radical auquel on ajoute les terminaisons est celui de la 1re personne du pluriel du présent de l'indicatif.

Infinitif	Présent de l'indicatif	Imparfait de l'indicatif
chanter	nous **chant**-ons	je **chant**-ais
finir	nous **fin**-issons	je **fin**-issais
prendre	nous **pren**-ons	je **pren**-ais

- Pour certains verbes dont le radical se termine par le son [j], le *i* de la terminaison aux 1re et 2e personnes du pluriel ne s'entend pas. Il ne faut pas l'oublier.

Présent de l'indicatif	Imparfait de l'indicatif
nous cri-ons, vous cri-ez	nous cri-**ions**, vous cri-**iez**
nous brill-ons, vous brill-ez	nous brill-**ions**, vous brill-**iez**
nous peign-ons, vous peign-ez	nous peign-**ions**, vous peign-**iez**
nous essuy-ons, vous essuy-ez	nous essuy-**ions**, vous essuy-**iez**

Appliquer

1 **Conjugue les verbes suivants au présent puis à l'imparfait de l'indicatif.**

	Présent de l'indicatif	Imparfait de l'indicatif
travailler	vous	vous ....
nettoyer	nous	nous ....
déplier	nous	nous ....
peindre	nous	nous ....
voir	nous	nous ....

2 **Conjugue les verbes du 1er groupe suivants, dont l'infinitif est en *-ger* ou en *-cer*, à la 1re personne du pluriel de l'imparfait de l'indicatif.**

Relis les leçons des unités 3 et 11, p. 10 et 26.

1. Nous (*percer*) .... des trous dans le mur pour accrocher le tableau.
2. Nous (*mélanger*) .... les ingrédients pour faire une quiche.
3. Nous (*placer*) .... les pions sur le damier.
4. Nous (*lancer*) .... la balle dans le jardin de la voisine pour la faire enrager.
5. Nous (*partager*) .... notre déjeuner avec nos cousins.

Préparer la dictée

J'avais neuf ans lorsque ma demi-sœur se fiança. L'élu de son cœur était un docteur anglais et cet été-là, il nous accompagna en Norvège. Les amoureux ne semblaient pas particulièrement désireux de nous voir les suivre partout. En tant que famille nous avions toujours tout fait ensemble, et nous ne voyions pas pourquoi la grande sœur avait décidé de faire différemment sous prétexte qu'elle était fiancée.
Le fiancé était un grand fumeur. Il gardait entre les dents cette pipe nauséabonde, sauf lorsqu'il mangeait ou nageait. Nous commencions même à nous demander s'il l'écartait de sa bouche lorsqu'il embrassait sa bien-aimée.

D'après Roald DAHL, *Moi, Boy*, trad. de Janine HÉRISSON, © Éditions Gallimard, coll. « Folio Junior »,
© Roald Dahl Nominee Ltd. 1988.

3 a. Surligne les verbes de la dictée conjugués à l'imparfait.

b. Encadre leur sujet.

4 Conjugue les verbes suivants à toutes les personnes de l'imparfait de l'indicatif.

Manger	Nager	Commencer	Voir
je	je	je	je ....
tu	tu	tu	tu ....
il	il	il	il ....
nous	nous	nous	nous ....
vous	vous	vous	vous ....
ils	ils	ils	ils ....

5 Dans la phrase « J'avais neuf ans lorsque ma demi-sœur se fiança » :

– dis à quel temps le verbe *se fiancer* est conjugué → ....;

– explique la présence de la cédille sous la lettre *c*.

La cédille sous le *c* permet d'obtenir le son .... devant ....

6 Classe dans le tableau tous les mots de la dictée qui se terminent par le son [e].

Nom féminin en *-ée*	Noms masculins en *-é*	Participes passés en *-é* ou *-ée*	Infinitif en *-er*
....	....	....	....

Aide-toi des leçons des unités 5 et 16, p. 14 et 36.

Écrire un verbe au passé simple

● À la différence de l'imparfait, le passé simple présente des **terminaisons différentes selon le groupe** du verbe.

Groupe	Verbe type	Terminaisons
1er groupe	il chant**a**	-**ai**, -**as**, -**a**, -**â**mes, -**â**tes, -**è**rent
2e groupe	il fin**it**	-**is**, -**is**, -**it**, -**î**mes, -**î**tes, -**i**rent
3e groupe	il pr**it**	-**is**, -**is**, -**it**, -**î**mes, -**î**tes, -**i**rent
	il concl**ut**	-**us**, -**us**, -**ut**, -**û**mes, -**û**tes, -**u**rent
	il v**int**	-**ins**, -**ins**, -**int**, -**în**mes, -**în**tes, -**in**rent

Mémorise également la conjugaison des auxiliaires :

Auxiliaire	Conjugaison
avoir	j'**eus**, tu eus, il eut, nous eûmes, vous eûtes, ils eurent
être	je **fus**, tu fus, il fut, nous fûmes, vous fûtes, ils furent

● Note qu'on rencontre principalement des verbes au passé simple dans des récits littéraires, à la 3e personne (du singulier ou du pluriel) ou à la 1re personne du singulier. Ne le confonds pas avec le passé composé, d'usage plus courant, qui se forme avec le participe passé du verbe (voir unité 15).

Ex. : *Je v**is** bien que je l'avais vexé* (passé simple en *-i*).

*J'ai bien v**u** que je l'ai vexé* (passé composé en *-u*).

Appliquer

1 Conjugue les verbes entre parenthèses à la personne demandée du passé simple.

1. Je (*voir*) ………………… arriver avec bonheur le printemps.
2. Tu (*écrire*) ………………… une carte postale de Guadeloupe à tous tes amis.
3. Il (*dire*) ………………… à ses parents qu'il hésitait à continuer le basket.
4. Tu (*naître*) ………………… le 20 janvier 1994 à 4 heures du matin.
5. Il (*faire*) ………………… une visite au château de Versailles.
6. Ils (*conduire*) ………………… huit heures avant d'arriver à la mer.

Tous ces verbes se conjuguent au passé simple avec la voyelle *i*.

2 Conjugue les verbes entre parenthèses à la personne demandée du passé simple.

1. Je (*courir*) ………………… à sa rencontre et nous (*boire*) ………………… le verre de l'amitié. – 2. Je (*savoir*) ………………… qu'il avait beaucoup voyagé. – 3. Je (*lire*) ………………… ses récits de voyage et ils me (*plaire*) ………………… . – 4. Nous (*être*) ………………… heureux de discuter. – 5. Quelques jours après notre soirée de retrouvailles, il (*recevoir*) ………………… une nouvelle proposition de travail à l'étranger et il (*vivre*) ………………… plusieurs années en Afrique.

Tous ces verbes se conjuguent au passé simple avec la voyelle *u*.

Préparer la dictée

Marcel, le narrateur, se souvient de la naissance de sa petite sœur. Il apprend la nouvelle alors qu'il est chez sa tante Rose avec son frère Paul.

> Une petite sœur était née. Mangiapan, mon voisin de classe, prétendait que les enfants sortaient du nombril de leur mère. Cette idée m'avait d'abord paru absurde : mais un soir, après un long examen de mon nombril, je constatai qu'il avait vraiment l'air d'une boutonnière. J'en conclus qu'un déboutonnage était possible et que Mangiapan avait dit vrai. Nous retrouvâmes notre mère dans le grand lit. Auprès d'elle, dans un berceau, une petite créature grimaçante poussait des cris de mirliton. L'hypothèse de Mangiapan me parut démontrée.

Marcel PAGNOL, *La Gloire de mon père*, © Éditions de Fallois, coll. « Fortunio », 1990. Site marcel-pagnol.com.

3 **Surligne les verbes de la dictée conjugués au passé simple.**

Relis la leçon de l'unité 15, p. 34.

4 **Conjugue le verbe *paraître* au passé simple puis au passé composé.**

1. **passé simple :** je ...., tu ....,
il ...., nous ...., vous ...., ils ....

2. **passé composé :** je ...., tu ...., il ....,
nous ...., vous ...., ils ....

5 **Dans les phrases suivantes, complète la terminaison du verbe souligné et indique à quel temps il est conjugué en cochant la bonne case.**

1. Cette idée m'avait d'abord <u>paru.........</u> absurde.
☐ passé simple ☐ plus-que-parfait

2. L'hypothèse de Mangiapan me <u>par.........</u> démontrée.
☐ passé simple ☐ plus-que-parfait

6 **a. Dans la phrase suivante, souligne le groupe de mots avec lequel tu vas accorder le participe passé.**

b. Indique la fonction du participe passé en cochant la bonne réponse.

c. Ajoute la terminaison qui convient au participe passé.

L'hypothèse de Mangiapan me parut démontré.........

☐ épithète ☐ apposé ☐ attribut

Pour t'aider, tu peux relire la leçon de l'unité 18, p. 40.

Écrire un verbe au futur simple

- En règle générale, on forme le futur d'un verbe en ajoutant **à son infinitif** (entier ou privé de son *-e* final) les terminaisons du verbe *avoir* au présent : ***-ai, -as, -a, -ons, -ez, -ont***.

Groupe	Conjugaison
1er groupe	je chanter-**ai**, tu chanter-**as**, il chanter-**a**, nous chanter-**ons**, vous chanter-**ez**, ils chanter-**ont**
2e groupe	je finir-**ai**, tu finir-**as**, il finir-**a**, etc.
3e groupe	je prendr-**ai**, tu prendr-**as**, il prendr-**a**, etc.

- Attention à certains radicaux du futur !

– Pour les verbes du 1er groupe dont le radical se termine par une voyelle (types *cri-er, remu-er, lou-er*), il ne faut pas oublier le *e* muet qui vient du radical de l'infinitif et qui s'intercale entre la voyelle *e* ou *i* et la consonne *r*: *je crier ai.*

– Les verbes en ***-eler*** ou ***-eter*** doublent leur consonne ou prennent un accent grave de manière à obtenir le son [ɛ]: *appeler → j'appe**ll**erai ; peler → je p**è**lerai.*

– Les verbes en ***-ayer***, ***-oyer***, ***-uyer*** perdent le *y* qui transcrit le son [j]. Il est remplacé par un *i*: *essayer → j'essa**i**erai.*

– Certains des verbes du 3e groupe, ainsi qu'*avoir* et *être*, ont un **radical irrégulier** au futur: *savoir → je saurai ; avoir → j'aurai ; être → je serai.*

Appliquer

1 Conjugue les verbes à la personne demandée du futur de l'indicatif.

nettoyer → vous .... congeler → tu ....

boire → il .... rendre → je ....

aller → j' .... recueillir → je ....

établir → il .... rappeler → il ....

racheter → je .... vouloir → je ....

2 Écris les verbes entre parenthèses à la 2e personne du pluriel du futur de l'indicatif.

Conseils pour ne pas oublier son matériel

Le soir, vous (*mettez*) .... dans votre cartable votre carnet de correspondance et votre cahier de textes. Vous (*n'oubliez*) .... pas de mettre les livres nécessaires à chacune des matières que vous (*avez*) .... le lendemain. Chaque semaine vous (*vérifiez*) .... le contenu de votre trousse et vous (*complétez*) .... ce qui manque. Vous (*établissez*) .... une liste du matériel que vous (*devez*) .... remplacer. Vous (*essayez*) .... de ne rien oublier. Ainsi vous (*avez*) .... toujours vos affaires et vous (*n'ennuyez*) .... pas votre voisin.

Relis les leçons 11 et 12, p. 26 et 28.

Préparer la dictée

Yahvé dit à Abram ! « Quitte ton pays et ta parenté. Je ferai de toi un grand peuple, je te bénirai, je magnifierai ton nom qui servira de bénédiction. [...] Voici mon alliance avec toi : tu deviendras père d'une multitude de peuples.
On ne t'appellera plus Abram, mais ton nom sera Abraham, car je te fais père d'une multitude de peuples. J'institue mon alliance entre toi et moi. Je te donnerai le pays où tu séjournes, le pays de Canaan, en possession à perpétuité, et je serai votre Dieu. »

D'après La Bible, *Genèse*, chap. 12-17, Éditions du Cerf, 1998.

3 **a. Surligne les verbes du texte conjugués au futur.**

b. Entoure le verbe *être* au futur.

4 **Écris l'infinitif du verbe *appellera*.**

....

5 **a. Dans la forme conjuguée au futur proposée ci-dessous, encadre l'infinitif.**

je magnifierai

b. Complète la règle qui explique la présence du *e* muet.

Pour conjuguer un verbe au futur, on prend .... du verbe et on y ajoute les terminaisons du verbe .... au présent de l'indicatif.

c. Recherche le sens de ce mot.

Magnifier signifie ....

6 **Conjugue le verbe *quitter* dans le tableau suivant.**

Futur de l'indicatif (2e personne du sing.)	Présent de l'indicatif (2e personne du sing.)	Présent de l'impératif (2e personne du sing.)
....	....	....

7 **Écris correctement le son [s] dans les phrases suivantes.**

1. Je suis en po.........e.........ion de trente billes de toutes les couleurs.
2. L'inven.........ion de l'imprimerie est attribuée à Gutenberg.
3. Cet été, je pa........e mes vacan........es au ....énégal.

23 Distinguer *et*, *est*, *es* et *ai* ; *son* et *sont*

● **Distinguer *et, est, es* et *ai***

– ***Et*** est une **conjonction de coordination**. Elle relie deux mots ou groupes de mots de même nature. Dans une phrase, on peut remplacer *et* par *et puis.*
Ex. : *Elle est partie vivre en Italie* ***et*** (et puis) *elle en est très contente.*

– ***Est*** est le **verbe *être*** à la 3e personne du singulier du présent de l'indicatif.
On peut le remplacer par *était* (verbe *être*, 3e personne du singulier de l'imparfait de l'indicatif). Ex. : *Elle* ***est*** (était) *partie vivre en Italie et elle en* ***est*** (était) *très contente.*

– ***Es*** est le **verbe *être*** à la 2e personne du singulier du présent de l'indicatif.
On le trouve toujours après le pronom personnel *tu*. On peut le remplacer par *étais.*
Ex. : *Tu* ***es*** (étais) *parti.*

– ***Ai*** est le **verbe *avoir*** à la 1re personne du singulier du présent de l'indicatif. On le trouve toujours après le pronom *je*. Ex. : ***J'ai*** *faim.*

● **Distinguer *son* et *sont***

– ***Son*** est un **déterminant possessif**. Il se place avant un nom ou un groupe nominal.
C'est le singulier du déterminant *ses*. Ex. : *Il lui a prêté* ***son*** *livre.* → *Il lui a prêté* ***ses*** *livres.*

– ***Sont*** est le **verbe *être*** à la 3e personne du pluriel du présent de l'indicatif.
On peut le remplacer par *étaient* (verbe *être*, 3e personne du pluriel de l'imparfait de l'indicatif). Ex. : *Ils* ***sont*** (étaient) *partis en vacances.*

Appliquer

1 Complète les phrases suivantes par *et*, *est*, *es* ou *ai*.

1. Le luthier fabrique des violons .... des violoncelles, des altos .... des contrebasses. – 2. J'.......... prévenu son employeur qu'il .... malade. – 3. Tu .... qualifié pour les championnats de France de natation. – 4. Il .... enrhumé : il a mal à la gorge .... son nez coule. – 5. Il .... temps de rentrer .... de se mettre au travail. – 6. Tu .... passionné de musique .... de danse. – 7. J' .... fait une partie de tennis avec un ami.

2 Complète les phrases suivantes par *son* ou *sont*.

1. Quels .... vos livres préférés ? – 2. Il a oublié .... pull et .... manteau. – 3. Ils .... restés chez .... grand-père. – 4. .... -ils arrivés en vacances ? – 5. .... professeur l'a félicité de .... résultat aux épreuves communes de français.

3 Écris les phrases suivantes au pluriel.

1. C'est son jeu préféré. → ....

2. Sa robe est jolie. → ....

3. Son pantalon est vieux et usé.

→ ....

N'oublie pas d'accorder comme il convient les adjectifs qualificatifs et les participes passés.

Préparer la dictée

L'agouti est un gros rongeur aux pattes fines et assez longues. Il dort dans un terrier ou dissimulé au pied d'un arbre. Le jour, il se nourrit de racines, de feuilles vertes et de fruits tombés à terre. Il court ou nage très vite. Il a de nombreux prédateurs, mais se reproduit très bien.

Le coati est un petit carnivore qui se nourrit en bandes bruyantes durant la nuit. Il trouve au sol, qu'il fouille de son museau souple, vers et souris. Il grimpe également aux arbres pour attraper oiseaux et œufs. Mais les fruits constituent son mets préféré. Il se camoufle dans les fourrés quand il se sent menacé.

Émilie BEAUMONT, *Les Animaux de la jungle pour les faire connaître aux enfants*, Texte de Raphaëlle CHAUVELOT, © Fleurus, 2004.

4 Surligne les homonymes *est* et *et*.

5 Complète par *est* ou *et*.

L'agouti .... un gros rongeur aux pattes fines .... assez longues.

6 Écris la phrase de l'exercice 5 au pluriel.

....

7 a. Mets les groupes nominaux suivants au pluriel.

1. son museau souple → ....
2. son mets préféré → ....

b. Quelle est la nature grammaticale du mot *son* ?

son est un ....

8 Entoure tous les pronoms *se* de la dictée. Souligne le verbe qui suit.

9 Complète les pointillés par *ou* ou *où*.

1. Il dort dans un terrier .... dissimulé au pied d'un arbre. – 2. Il court .... nage très vite. – 3. Il creuse le trou .... il a caché des noisettes.

Lis la leçon de l'unité 25, p. 54.

10 Écris au singulier les deux noms suivants.

1. des souris → .... 2. des mets → ....

Distinguer *a*, *as* et *à* ; *on* et *ont*

- **Distinguer *a*, *as* et *à***

– ***a*** est le **verbe *avoir*** à la 3e personne du singulier du présent de l'indicatif. On peut le remplacer par *avait* (verbe *avoir* à la 3e personne du singulier de l'imparfait de l'indicatif). Ex. : *Il **a*** (avait) *faim.*

– ***as*** est le **verbe *avoir*** à la 2e personne du singulier du présent de l'indicatif. On le trouve toujours après *tu*. On peut le remplacer par *avais*. Ex. : *Tu **as*** (avais) *faim.*

Quand il est employé comme auxiliaire, le verbe *avoir* sert à construire les temps composés (en particulier le passé composé). Il est suivi d'un verbe au participe passé. Ex. : *Il **a** acheté.*

– ***à*** est une **préposition**. Quand la préposition *à* est suivie d'un verbe, celui-ci est à l'infinitif. Ex. : *Il a acheté une machine **à** calculer.*

- **Distinguer *on* et *ont***

– ***on*** se place devant un verbe. C'est un **pronom personnel** de 3e personne en fonction de sujet. On peut le remplacer par un autre pronom personnel de 3e personne en fonction de sujet : *il, elle*. Ex. : *On* (il) *a toujours besoin d'un plus petit que soi.*

– ***ont*** est le **verbe *avoir*** à la 3e personne du pluriel du présent de l'indicatif. On peut le remplacer par *avaient* (verbe *avoir* à la 3e personne du pluriel de l'imparfait de l'indicatif). Ex. : *Ils **ont*** (avaient) *un chien et un chat.*

Appliquer

1 Complète par *a*, *as* ou *à* et ajoute les terminaisons des formes verbales en [e].

1. Il .... achet........ une machine .... lav.........
2. Tu .... cass........ ton fer .... repass ....
3. C'est .... Paris que Victor Hugo .... termin .... sa vie.
4. Elle .... donn........ .... sa grand-mère une photo .... coller dans l'album de famille.
5. ....-t-il terminé ses devoirs ?

Mets le participe passé derrière le verbe *avoir* (*a* ou *as*), et l'infinitif derrière la préposition *à*.

2 Complète par *on*, *ont* ou *on n'*.

1. .... est toujours méfiant à l'égard de ceux qui nous .... trompés. – 2. .... a trouvé un bon endroit pour cueillir des champignons. – 3. .... a encore reçu aucune réponse à votre demande mais ....hésitera pas à vous contacter si .... a du nouveau. – 4. .... est heureux de faire votre connaissance ; .... espère avoir prochainement l'occasion de vous revoir. – 5. .... a toujours intérêt à demander conseil quand ....est pas sûr de faire le bon choix. – 6. .... a des difficultés à se concentrer quand ....a pas assez dormi. – 7. Ils .... participé à la finale des rencontres de joutes théâtrales.

Attention aux phrases négatives (*On n'a plus beaucoup de temps*) !

Préparer la dictée

> Sophie désire avoir des sourcils très épais. Elle a les sourcils blonds de sorte qu'on ne les voit pas beaucoup. Elle a entendu dire qu'on épaississait les cheveux en les coupant souvent. « Puisque, dit-elle, les cheveux deviennent plus épais quand on les coupe, je vais les couper pour qu'ils repoussent épais. »
> Et voilà Sophie qui prend des ciseaux et coupe ses sourcils. Elle se regarde dans la glace, trouve qu'elle a une figure toute drôle et n'ose aller à table : « J'attendrai qu'on serve le dîner ; on n'aura pas idée de me regarder pendant qu'on ira à table. »

D'après la comtesse de SÉGUR, *Les Malheurs de Sophie*, 1864.

3 Complète les phrases extraites de la dictée avec *on, on ne* ou *on n'*.

1. .... les voit pas beaucoup.
2. .... aura pas idée de me regarder.
3. .... les coupe.
4. .... épaissit les cheveux en les coupant souvent.
5. Quand .... a fait une bêtise, ... ose pas le dire.
6. J'attendrai qu'........... serve le dîner.

4 Complète les phrases suivantes par *a* ou *à* en cochant la bonne réponse.

1. Elle ☐ a ☐ à les sourcils blonds.
2. Elle ☐ a ☐ à entendu dire qu'on épaississait les cheveux en les coupant souvent.
3. Elle ☐ a ☐ à une figure toute drôle.
4. On ira ☐ a ☐ à table.

5 Écris les phrases précédentes au pluriel.

1. Elles .... les sourcils blonds.
2. Elles .... entendu dire qu'on épaississait les cheveux en les coupant souvent.
3. Elles .... une figure toute drôle.

6 a. Complète les phrases suivantes avec *-ai*, *-er* ou *-ait*.

1. Je vais les coup........... pour qu'ils repoussent épais. – 2. Elle a entendu dire qu'on [épaississ ....] les cheveux en les coupant souvent. – 3. Elle n'ose pas all .... à table. – 4. [J'attendr ....] qu'on serve le dîner.

Deux verbes sont à l'infinitif, un est à l'imparfait, le dernier est au futur.

b. Précise le temps des verbes encadrés dans les phrases 2 et 4.

1. épaississait → ....
2. attendrai → ....

Distinguer *là*, *la* et *l'a* ; *ou* et *où*

Distinguer *là*, *la* et *l'a*

– **L'adverbe de lieu *là*** exprime l'éloignement (au contraire, *ici* traduit la proximité).
Ex. : ***Ici** se trouve la salle de bains et **là**, la cuisine.*

– ***La***, écrit sans accent, est un **déterminant** placé devant un nom commun féminin singulier (*la maison*) ou un pronom personnel COD placé devant un verbe. Il remplace un GN féminin singulier.
Ex. : *Il **la** (la maison) reconnaîtra à sa porte en bois.*
Attention ! Comme le pronom *le*, le pronom *la* est élidé en *l'* devant le verbe *avoir* conjugué au passé composé.
Ex. : *Il **la** reconnaîtra.* → *Il **l'a** reconnue.*

Distinguer *ou* et *où*

– **La conjonction de coordination *ou*** sert à relier deux mots ou groupes de mots de même nature. On peut remplacer *ou* par *ou bien*.
Ex. : *Veux-tu du thé **ou** (ou bien) du café ?*

– **L'adverbe interrogatif** et le **pronom relatif *où*** expriment le lieu ou le temps.
Ex. : ***Où** vas-tu (adverbe interrogatif de lieu) ? – C'était le temps **où** le chemin de fer n'existait pas encore (pronom relatif exprimant le temps).*

Appliquer

1 Écris les phrases soulignées au passé composé.

Attention à l'accord du participe passé. Revois la leçon de l'unité 19, p. 42.

Ex. : *Il **la** voit.* → *Il **l'a** vue.*

1. Damien donne sa nouvelle adresse à ses amis. Il **l'**envoie par mail.
→ ....

2. Sophie écoute sa sœur. Elle **la** console. → ....

3. Le conducteur porte sa voiture chez le garagiste. Il **la** répare rapidement.
→ ....

2 Complète les phrases suivantes avec *là*, *la* ou *l'a*.

1. Cette année-........., la population a souffert de .... chaleur. – 2. Peter a visité la tour Eiffel : il .... photographiée pour .... montrer à ses amis à son retour. – 3. Il ne faut pas confondre ces deux îles : ici, c'est .... Corse et ...., c'est .... Sicile. – 4. Pierre .... visitée l'année dernière.

3 Complète les phrases suivantes par *ou* ou *où*.

1. Il ouvrit l'armoire .... se trouvait la confiture. – 2. Préférez-vous la glace au chocolat .... à la vanille ? – 3. D'......... viens-tu ? – 4. Il fut un temps .... les femmes portaient de longues robes. – 5. Voici la maison .... je suis né. – 6. Voulez-vous du thé .... du café ? – 7. Je le donnerai à Charlotte .... à Morgan.

Préparer la dictée

Agathon, fils du potier Mélanthos, se rend chez le riche marchand Chrisothémis qui est à la recherche d'un vase exceptionnel qui puisse susciter l'admiration de ses convives.

– Agathon, tu vas aller chez Chrisothémis. J'aimerais lui montrer un vase où sont représentés Ulysse et les Sirènes.

Agathon se précipita dehors. Il s'engouffra dans de petites ruelles et courut jusqu'au quartier des riches Athéniens, là où vivaient les armateurs, les banquiers et les grands marchands. Il demanda où se trouvait la maison de Chrisothémis. On lui expliqua qu'il la reconnaîtrait à sa porte en bois surmontée d'une tête d'Hermès. Il frappa à la porte. On vint lui ouvrir.

– Mon père m'a chargé d'une commission pour Chrisothémis. Il a un vase pour lui. C'est Kalisthène qui l'a peint.

D'après Nathalie DALADIER, Philippe MIGNON, *Le Plus Beau Vase d'Ulysse,*

4 **a. Dans la dictée, surligne les mots qui se prononcent [la].**

b. Relève deux articles féminins singuliers *la*. Fais-les suivre entre parenthèses du nom ou groupe nominal qu'ils déterminent.

1. .... (....................................) 2. .... (....................................)

c. Relève un pronom personnel féminin singulier. ....

– Indique le verbe qui suit ce pronom. ....

– Quel groupe nominal ce pronom remplace-t-il ? ....

5 **a. « C'est Kalisthène qui l'a peint » : souligne le 2e verbe et dis à quel temps il est conjugué.**

....

b. Écris le groupe nominal que le pronom *l'* remplace. ....

6 **a. « … quartier des riches Athéniens, <u>là</u> où vivaient les armateurs » : quelle est la nature du mot *là* ?**

☐ un déterminant ☐ un adverbe

b. Quelle idée exprime-t-il ? *là* exprime ☐ le lieu ☐ le temps.

7 **a. Dans la dictée, souligne les homophones *ou* ou *où*. Comment s'écrivent-ils ?**

....

b. Quelle idée expriment-ils ? Coche la bonne réponse.

Ils expriment ☐ le lieu ☐ le temps.

26 Homophones grammaticaux

Distinguer *ce* et *se* ; *ces* et *ses*

- **Distinguer *ce* et *se***

– ***Ce*** est un **déterminant démonstratif** masculin singulier. Il est toujours suivi d'un nom ou d'un groupe nominal. Ex. : ***Ce*** *matin, je me suis levé à sept heures.*

– ***Se*** est un **pronom personnel**. Il est toujours suivi d'un verbe. Les verbes précédés de *se* sont appelés des « verbes pronominaux ».

Ex. : *Le matin, il **se** lève à sept heures* → *c'est lui qui se lève.*

verbe

- **Distinguer *ces* et *ses***

– ***Ces*** est un **déterminant démonstratif pluriel**. Ex. : *Pierre a offert **ces** chocolats à ses parents.* → ce sont *ces* chocolats-*là* qu'il a offerts. C'est le pluriel de *ce/cet* et *cette* : Le professeur a interpellé *ces* élèves qui courent dans le couloir. → Il a interpellé *cet* élève, *cette* élève.

– ***Ses*** est un **déterminant possessif pluriel**. Ex. : *Pierre a offert ces chocolats à **ses** parents.* → Ce sont les parents de Pierre. C'est le pluriel de *son* et *sa* (Il lui a prêté *ses* livres. → Il lui a prêté *son* livre).

Appliquer

1 Complète les phrases suivantes par *ce*, *se*, *ces* ou *ses*.

1. .... arbres ont souffert de la tempête.
2. .... soir, il .... rendra à l'opéra pour entendre .... fameux ténor dont tout le monde parle.
3. Il a passé l'été chez .... grands-parents.
4. .... jeunes sportifs ont remporté une médaille aux jeux Olympiques.
5. .... professeur .... montre indulgent avec .... nouvel élève.
6. J'ai acheté .... fraises au marché.

2 Mets les phrases suivantes au singulier. Fais toutes les transformations nécessaires.

Attention à l'accord des verbes.

1. Ils m'ont montré ces jeux vidéo sur un catalogue.

....

2. Ses sœurs sont plus âgées que ses frères.

....

3 Mets les phrases suivantes au pluriel.

1. Son frère est parti à l'étranger avec ce très bon guide touristique.

....

2. Il a rangé son livre sur cette étagère.

....

Préparer la dictée

Persée transforme Atlas en montagne parce que celui-ci lui a refusé l'hospitalité.

> Persée s'arrête dans ce fameux jardin des Hespérides qui se trouve dans le royaume d'Atlas. Sur ses arbres, des feuilles couvraient des rameaux d'or. « Étranger, lui dit Persée. Je te demande l'hospitalité et le repos. » Atlas le repousse. De ses propres mains, il essaie de chasser ce héros. Persée lui dit : « Eh bien ! puisque tu tiens si peu à mon amitié, reçois ta récompense. » Et il lui présente la face hideuse de la Méduse. Atlas est changé en montagne : ses épaules et ses bras en coteaux ; ce qui fut sa tête se dresse au sommet de la montagne ; ses os se transforment en pierre.

D'après OVIDE, *Les Métamorphoses*, trad. A. VIDEAU, © Hatier, coll. « Classiques Hatier », 2005.

4 **a. Encadre les déterminants possessifs pluriel *ses*.**

b. Remplace les groupes nominaux introduits par *ses* par un groupe nominal suivi d'un complément du nom.

Ex. : ***ses** propres mains* → *les mains **d'Atlas***

1. ses arbres → ....

2. ses épaules → ....

5 **Souligne un déterminant démonstratif *ce*. Recopie-le en notant entre parenthèses le groupe nominal qu'il détermine.**

Ex. : *ce (fameux jardin des Hespérides)*

.... (..........)

6 **Surligne les pronoms personnels *se* (ou *s'*). Recopie-les en notant entre parenthèses les verbes pronominaux qui les suivent.**

1. *s'(arrête)*

2. .... (..........)

3. .... (..........)

4. .... (..........)

7 **Relève dans la dictée deux noms communs masculins qui se terminent par un *s* au singulier : pour l'un d'eux, justifie ce *s* par un mot de la même famille.**

1. .... → mot de la même famille : ....

2. ....

Distinguer *leur(s)* et *leur* ; *quel(s)*, *quelle(s)* et *qu'elle(s)*

- **Distinguer *leur* déterminant et *leur* pronom**

– ***Leur*** placé devant un nom est **un déterminant possessif**. Il s'accorde **en nombre** avec le nom ou groupe nominal qu'il détermine : ***leur*** *ami* ; ***leurs*** *amis*.

– ***Leur*** placé devant un verbe est **un pronom personnel**. Il est **invariable** : c'est le pluriel du pronom personnel *lui*. Ex. : *Ils* ***leur*** (lui) *ont envoyé une invitation.*

- **Distinguer *quel(s)*, *quelle(s)* et *qu'elle(s)***

– ***Quel*** est **un déterminant interrogatif** ou **exclamatif**. Il s'accorde en genre et en nombre avec le nom ou groupe nominal qu'il détermine. Ex. : ***Quel*** *est cet homme qu'elle salue au passage ?* ***Quelle*** *chance !*

– ***Qu'elle*** est formé du **pronom personnel** *elle* précédé du pronom relatif ou de la conjonction *que* qui s'élide devant un mot commençant par une voyelle.
On peut remplacer *qu'elle* par *qu'il* ou par *que lui*.
Ex. : *Quel est cet homme* ***qu'elle*** (qu'il) *salue au passage ?*

Appliquer

1 Accorde les déterminants possessifs *leur* en nombre avec le nom ou le groupe nominal qui suit.

Devant un verbe, *leur* reste invariable. C'est un pronom personnel.

Pierre et Jérôme ont invité leur...... amis pour leur...... anniversaire. Ils leur...... ont envoyé une invitation. Ceux-ci devront leur...... téléphoner au plus vite pour confirmer leur...... venue. Ils iront faire un match de football avec leur...... amis et ils leur...... proposeront un bon goûter pour les réconforter.

2 Écris le groupe nominal au singulier ou au pluriel selon le sens.

Ex. : *Ils rangent leur chambre* → *la leur* (ils ont la même chambre).
Ils rangent leurs chaussures → *les leurs* (ils ont chacun deux chaussures qui forment une paire).

1. La sonnerie retentit. Les élèves rendent leur...... devoir...... au professeur.
2. Ils se racontent leur...... souvenir...... de vacances.
3. Les délégués de 6e3 demandent un entretien à leur...... professeur...... principal.

3 Complète par *quel(s)*, *quelle(s)* ou *qu'elle(s)*.

Remplace *qu'elle(s)* par *qu'il(s)*.

1. J'ignore .... heure il est. – 2. .... bon repas ! – 3. Le jaune est la couleur .... a choisi pour sa salle à manger. – 4. .... sont vos jeux favoris ? – 5. Elles sont ravies des vacances .... ont passées au Portugal. – 6. Je me demande .... sont les amies .... a invitées à son anniversaire.

Préparer la dictée

> Le marchand perdit ses biens. Il dit à ses enfants qu'il leur fallait aller dans leur maison de campagne. Ses filles aînées répondirent qu'elles ne voulaient pas quitter la ville et qu'elles connaissaient des jeunes gens qui seraient heureux de les épouser.
> Elles se trompaient : leurs amis ne voulurent plus les regarder quand elles furent pauvres. Personne ne les aimait à cause de leur fierté. On disait :
> « Nous sommes bien aises de voir leur orgueil abaissé : qu'elles aillent faire les dames en gardant les moutons. »
> Mais on disait :
> « Pour la Belle, nous sommes fâchés : quelle bonne fille ! »

D'après Mme LEPRINCE de BEAUMONT, *La Belle et la Bête*, 1757.

4 **a. Entoure les déterminants possessifs *leur* et *leurs* et encadre les pronoms personnels *leur*.**

b. Recopie les déterminants possessifs *leur* et *leurs* et écris entre parenthèses le nom ou groupe nominal avec lequel ils s'accordent. Ex. : *leur (maison)*

1. .... (..)
2. .... (..)
3. .... (..)

Pour vérifier que *leur* est un pronom personnel, remplace-le par *lui* :
il *leur* (*lui*) parle.

5 **a. Souligne les pronoms personnels féminins *elles* précédés de *que*.**

b. Recopie-les en écrivant le verbe qui les suit.

1. .... → ....
2. .... → ....
3. .... → ....

Pour vérifier que *qu'elle* est bien un pronom personnel précédé de *que*, remplace-le par *qu'il*.

c. Surligne un déterminant exclamatif. Recopie-le et écris entre parenthèses le groupe nominal avec lequel il s'accorde. Ex. : *Quelle (chance) !*

.... (..)

6 **Recopie trois groupes nominaux qui commencent par le déterminant possessif pluriel *ses*. Écris entre parenthèses le possesseur.** Ex. : *<u>ses</u> manuels → les manuels <u>de l'élève</u>.*

1. .... (..............................) 2. .... (..............................)
3. .... (..............................)

Tableaux de conjugaison

ÊTRE

INDICATIF		SUBJONCTIF	
Présent je suis tu es il est nous sommes vous êtes ils sont	**Passé composé** j'ai été tu as été il a été nous avons été vous avez été ils ont été	**Présent** que je sois que tu sois qu'il soit que nous soyons que vous soyez qu'ils soient	**Passé** que j'aie été que tu aies été qu'il ait été que nous ayons été que vous ayez été qu'ils aient été
Imparfait j'étais tu étais il était nous étions vous étiez ils étaient	**Plus-que-parfait** j'avais été tu avais été il avait été nous avions été vous aviez été ils avaient été	**Imparfait** que je fusse que tu fusses qu'il fût que nous fussions que vous fussiez qu'ils fussent	**Plus-que-parfait** que j'eusse été que tu eusses été qu'il eût été que nous eussions été que vous eussiez été qu'ils eussent été
Passé simple je fus tu fus il fut nous fûmes vous fûtes ils furent	**Passé antérieur** j'eus été tu eus été il eut été nous eûmes été vous eûtes été ils eurent été	IMPÉRATIF **Présent** sois soyons soyez	 **Passé** aie été ayons été ayez été
Futur simple je serai tu seras il sera nous serons vous serez ils seront	**Futur antérieur** j'aurai été tu auras été il aura été nous aurons été vous aurez été ils auront été	INFINITIF **Présent** être	 **Passé** avoir été
CONDITIONNEL		PARTICIPE **Présent** étant	 **Passé** été
Présent je serais tu serais il serait nous serions vous seriez ils seraient	**Passé** j'aurais été tu aurais été il aurait été nous aurions été vous auriez été ils auraient été	GÉRONDIF **Présent** en étant	 **Passé** en ayant été

AVOIR

INDICATIF

Présent	Passé composé
j'ai	j'ai eu
tu as	tu as eu
il a	il a eu
nous avons	nous avons eu
vous avez	vous avez eu
ils ont	ils ont eu

Imparfait	Plus-que-parfait
j'avais	j'avais eu
tu avais	tu avais eu
il avait	il avait eu
nous avions	nous avions eu
vous aviez	vous aviez eu
ils avaient	ils avaient eu

Passé simple	Passé antérieur
j'eus	j'eus eu
tu eus	tu eus eu
il eut	il eut eu
nous eûmes	nous eûmes eu
vous eûtes	vous eûtes eu
ils eurent	ils eurent eu

Futur simple	Futur antérieur
j'aurai	j'aurai eu
tu auras	tu auras eu
il aura	il aura eu
nous aurons	nous aurons eu
vous aurez	vous aurez eu
ils auront	ils auront eu

CONDITIONNEL

Présent	Passé
j'aurais	j'aurais eu
tu aurais	tu aurais eu
il aurait	il aurait eu
nous aurions	nous aurions eu
vous auriez	vous auriez eu
ils auraient	ils auraient eu

SUBJONCTIF

Présent	Passé
que j'aie	que j'aie eu
que tu aies	que tu aies eu
qu'il ait	qu'il ait eu
que nous ayons	que nous ayons eu
que vous ayez	que vous ayez eu
qu'ils aient	qu'ils aient eu

Imparfait	Plus-que-parfait
que j'eusse	que j'eusse eu
que tu eusses	que tu eusses eu
qu'il eût	qu'il eût eu
que nous eussions	que nous eussions eu
que vous eussiez	que vous eussiez eu
qu'ils eussent	qu'ils eussent eu

IMPÉRATIF

Présent	Passé
aie	aie eu
ayons	ayons eu
ayez	ayez eu

INFINITIF

Présent	Passé
avoir	avoir eu

PARTICIPE

Présent	Passé
ayant	eu

GÉRONDIF

Présent	Passé
en ayant	en ayant eu

Index des notions grammaticales

Index des dictées

Imprimé en France par CPI - Hérissey à Évreux (Eure) - N° 109775
Dépôt légal n° 81287 - Octobre 2008